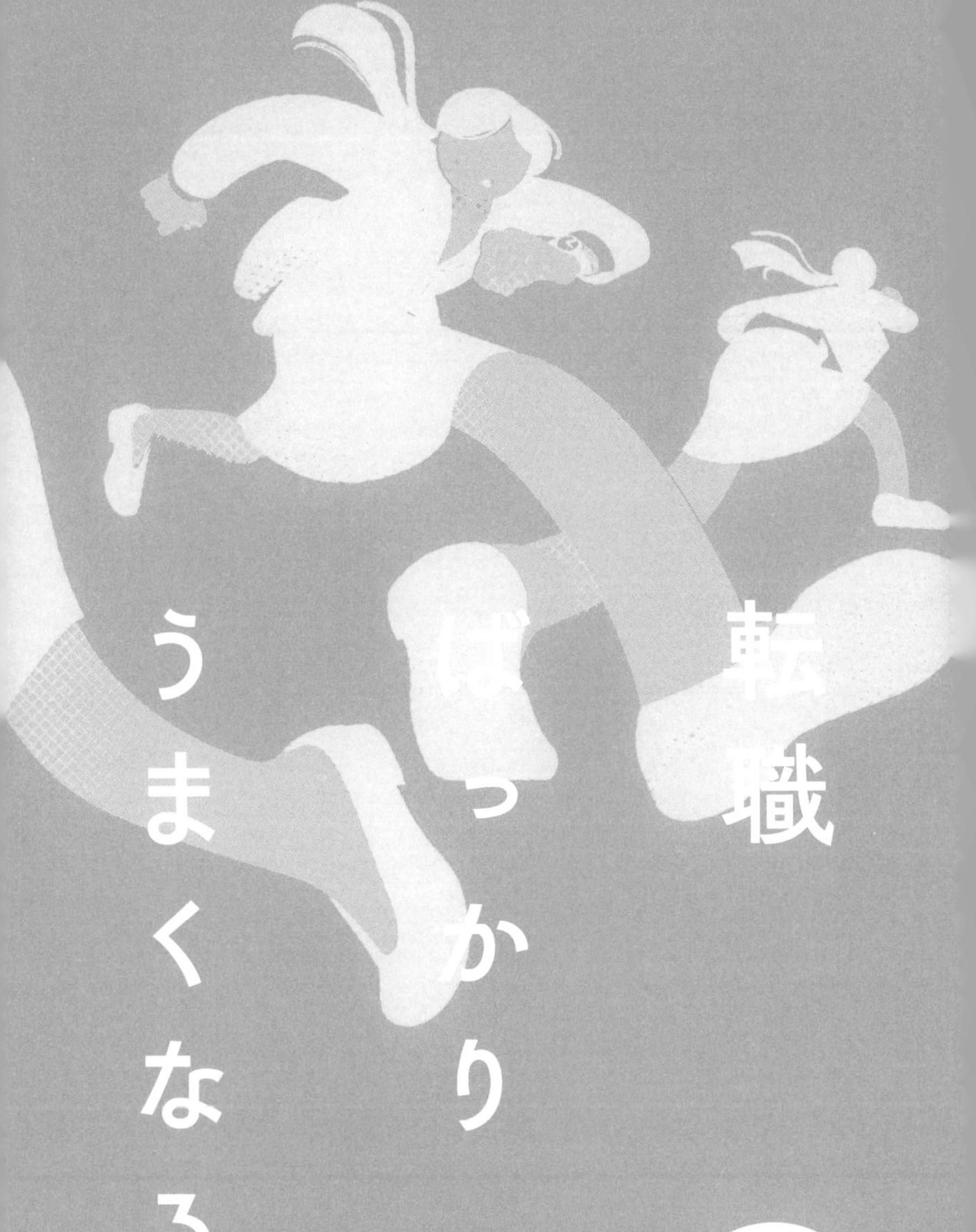

転職ばっかりうまくなる

ひらいめぐみ

百万年書房

転職ばっかりうまくなる

目次

一社目

倉庫、コンビニ

就職せずに卒業する

大学の卒業式の日、わたしは会場である九段下の武道館へは行かず、御茶ノ水をうろうろしていた。

なぜ御茶ノ水をうろうろしていたのだろうか。まったく思い出せない。いつのまにか就活という時期が目の前を通り過ぎ、いつのまにか大学を卒業していた。ぼーっとしていたわけではなかったと思う。ただなんとなく、でもかなり強めに、就活するのはやだなあ、こわいなあ、と思ったり、どうしようかなあと考えたりしていた。

新卒で就職をした方がいいのかどうかについて、身近な大人に相談したりしたことだってあった。だけど、就活をしなかった人は「しないほうがいい」と言うし、した人は「したほうがいい」と言うだけだった。そりゃ、みんな自分の人生を肯定したいに決まっている。どっちがいい、があるわけじゃなく、どっちが正解、があるわけでもない。だったら、いやなことは、やらないほうがいいよなあ。それがわたしの選んだ答えだった。

ひとつだけ言い訳をすると、卒業後もやりたいことがあった。

大学三年生の頃にはじめた活動で、一言で言うと「大好きなメロンパンを通じて、コンゴ民主共和国（以下、コンゴ）の紛争問題を伝える」というものだった。もう少し噛み砕いて言うと、全国各地から取り寄せたおいしいメロンパンを販売するフェスの開催を通じて、コンゴの問題を伝え、収益は支援をしているNPO法人へ寄付をする、という活動である。あらためてこうやって書きながら、自分でも意味がよくわからない。お祭しの通り、メロンパンとコンゴはもちろん関係ない。当時のわたしはメロンパンが好きで、コンゴの問題を見過ごせなくて、ただそれだけでメロンパンとコンゴのフェスを開催していたのだった。

無茶苦茶だし強引すぎるが、当時は「これしかない」と盲信していたので、とにかくフェスを開催し、コンゴの問題を少しでも多くの人に知ってもらうのが自分の役目なのだと疑わずにいた。そうなのであれば、続けるほかない。活動のことがネットのニュースで取り上げられた際、「どうせこういうやつは就活のネタにする」というコメントを目にしたことも、就活をしない選択をとることに少なからず影響していただろう。就活をしないと報告すると、応援してくれていた大人たちは喜び、友だちはエールを送ってくれ、最善の選択をした、ように思えた。

……なんて言っても、晴れ晴れとした気持ちになれたのは「就活をしない」と決断した一瞬だけである。継続的にフェスを開催するとして、自分の生活費は自分で稼がねばならない。同級生が入社式で同期と仲良くなった話をしているのを聞いたり、春から働きはじめる会社のことをたのしげに話している様子を目にしたりするたび、不安がズンズンズンズンゴゴ……と迫ってきて、逃げ出したくなった。

というよりも、最初から逃げていた。就活ガイダンスみたいなものがあったかなかったかも記憶になく、どうやってみんなが就活をしているのか、何社も面接に行って、それぞれの会社に合わせて志望動機を話したりするのがどういうことなのかも、よくわからなかった。「業界地図」は世界地図みたいな、あるいは海賊がお宝のありかを見つけるために持っているような地図だと思っていたし、ESはエンジニアの略称だと思っていた。そんな状態なのに、就職はやだなあ、なんて、のんきすぎる。宝くじの買い方も知らないのに、「当たったらどうしよう」と心配しているタイプの人間である。

しかし、もう卒業してしまったのだ。就活するか否か、選べる時期にいるとかえってつらかったが、卒業してしまえばなにもこわくない。授業後の夕方から夜にバイトしていたコンビニへ、朝から夜に出勤するようになっただけで、新しい人間関係を築く必要もないし、新しい仕事を覚える必要もないのだ。

コンビニのバイトはたのしい。オフィスビルの中にあるコンビニだったから、というのもあるかもしれない。平日はオフィスで働く会社員がほとんどなので、客層がとても落ち着いている。広告代理店や外資系企業のオフィスで働く人たちは、基本的にものすごく忙しそうである。お客さんのほとんどは、栄養ドリンクかコーヒーといったカフェイン飲料を手にとり、朝から疲れ切った顔でレジに並ぶ。ただ、多くの人がとても感じよく、ほかのコンビニでバイトをしたときより難癖をつけられたり、面倒なことを言われたりする機会はずっと少なかった。毎日決まった時間、朝は八時から、お昼は十二時を過ぎると、店内にお客さんがばっと流れ込む。朝はパンやおにぎり、栄養ドリンクが、昼は棚にパンパンに詰めたお弁当がごっそりとなくなる。押しては返す波のように商品が増減する店内の光景は、毎日見ても飽きなかった。

卒業後にコンビニでバイトしていてよかったなと思ったのは、就職をせずにフリーターでいる人が、自分の想像よりもずっと多いと知れたことだ。大学の知人はほとんど就活していたし、学外の友人で就活をしない人は、だいたい起業していた。つまり、わたしは卒業したら就職か起業しかないと思っていたのだ。でも、実際は全然そんなことはない。そんなカジュアルに起業できるもんじゃないし、就職だって同じである。やろうと思って実際にやれるのは、才能なのだ。

コンビニには、就活したくないと思ってそのままバイト生活を送っている人もきっといたが、どちらかというとやりたいことのために融通のきくコンビニの仕事をしていたり、「就活をする」という選択肢がそもそもなかった人の方が圧倒的に多い。そんな環境に身を置いていれば、一緒に働いている人から就活しなかったことを冷ややかな目で見られることもなく、「就職しないの？」と訊かれることもない。わたしが大学の中で当たり前だと思っていた価値観は、社会に出ればひとつの見方に過ぎなかったし、「新卒で就職すること」だけが、正解でもないのだと知った。

アルバイトはたのしい

学生時代にもさまざまなアルバイトをしたけれど、今振り返ってみても、アルバイトってたのしかったなあと思う。

まず、定時で帰れるところが、いい。正社員として雇用されると、早めに出社して、昼食は片手間にとり、遅くまで残業することなんてざらにある。だけど、バイトを残業させる会社やお店はあまりない。わたし自身、アルバイトで働いていたときには、どの仕事も定時になれば「もう十七時だよ」と先輩や上司に声をかけてもらったり、次の時間のシフトの人が入ってきたりして、帰らせてもらっていた。

残業するのはつらい。だんだんおなかが空いてきていらいらしてくるし、疲れて頭が回らなくなったり、眠くなったりする。帰りの電車に乗ると、みんなぐったりした顔をしていて、よけいに悲しい気持ちになる（もしくは飲みの帰りと思われる人たちが、アルコール臭と騒がしい声を撒き散らし、最悪の気分で降車駅まで耐えることになる）。日が沈む前に帰った方が、ぜったいに良いのだ。外が暗くなってから家へ帰ると、あとはごはんを食べてお風呂に入って眠るだけの時間しかなくなり、また仕事をする、の繰り返し。そんなのさみしい。本を読んだり映画を観たり、友だちと夜遅くまでファミレスのパフェをつつきながらべらべら話したり、意味もなく隣のまちまで散歩したり、勢いで近場の海まで行ったりしたくなっても、それをたのしむための時間がない。残業によって、日々の営みが家と会社の往復だけになってしまう。

また、正社員だったら入れないような業界でも、働ける可能性が広がっている、というのもバイトの魅力のひとつである。たとえばコンビニやカフェなら、正社員の場合にはある程度接客の経験を求められるかもしれないが、アルバイトでなら未経験で採用してくれるところが少なくない。

とあるファッションブランドのファンだったとして、そこで正社員として働きたいと思っても、接客以外はパタンナーやデザイナーなどの技術職であったり、同じ業界で経験を積んでいないとそもそも採用してもらうのが難しかったりと、入社までのハードルが高い。その点、アルバイトは求められることが社員よりも少ない分、採用してもらえる確率は高くなる。高い給与ややりがいを求めるわけでなければ、憧れのブランドや会社で働くチャンスは大いにあるのだ。

いちばんのアルバイトのたのしさを語るとしたら、「いろんな仕事を経験できること」に尽きる。わたし自身、学生時代は洋食店のホールスタッフ、カフェ店員、塾講師、出版社の営業と事務、和菓子屋店員、ＮＧＯの広報、コンビニスタッフなど、とにかくいろんなバイトをした。いろんな仕事を経験するとなにがいいのかというと、自分になにが〝向いていないか〟がわかるということだ。

まず、洋食屋のホールスタッフのバイトをしてみたら、出勤するたび店のデカンタやお皿を何十枚も割り、「おまえが出勤すると赤字になる」と言われた。そういえば、家のうつわはどれも一箇所欠けている。割れものを扱うのに、そもそも向いていないのだろう。言われたことを瞬時に忘れるスキルも持っており、「おまえは三歩歩いて忘れる鳥か！！！！！」と店長に怒られたりもしたので、言われたそばから忘れるバイトにも優しくしてくれる職場を探すことにした。

つぎのバイト先に選んだのはカフェである。ときどきマグカップを扱うが、基本的には紙やプラのカップなので、大丈夫なはずだ。ところが、スチームミルクの作り方を教わっている途中、牛乳を爆発させ、大惨事となった。ちなみにほぼ同時期、自宅では殻に包まれた卵を電子レンジにかけて、殻を剥いている途中で爆発させている。爆発は危ない。この経験から、「飲食は向いてないかもしれない」という結論に至った。バイトをはじめる前は、飲食の接客に憧れていたけれど、自分にはセンスがなさすぎる。また飲食を選んだら、備品を破壊しまくって閉店まで追い込むか、なにかを爆発させてお客さんに危害を加える可能性が高い。アルバイトの経験によって気づくことができて、ほんとうによかった。もし社会人になっていきなり飲食の仕事に就いていたら、致命的な失敗をした後、クビになっていただろう。

では、物を介さず人と接する仕事はどうだろう、と塾講師をやってみることにした。個別指導と集団授業で国語を教えるというものだった。国語、苦手なんだよな。でも教えられる科目はほかになかった。四字熟語なんて、全然わからない。主人公の気持ちも、わからない。毎回教材の答えを予習して教えていたけれど、向いてなかった。教える喜び、みたいなものも特段湧き上がってこない。そもそも国語が好きじゃない。ある日、集団授業をしている最中に、Yくんが水筒のお茶を飲んだ。授業が終わってから、Mさんは怒りながらこう言った。「ちゃんと注意してください。このままじゃクラスが崩壊します」。なぜ授業中に水筒を飲んだらだめなのかわからなくて、戸惑った。ほんとうは、ルールそのものを変えてもよかったのだろう。でも、当時はそんな発想を持ち合わせておらず、謝ることしかできなかった。人に教える立場というのは、難しい。自分が誰よりもクラスに馴染めないまま、引っ越しを理由に辞めた。

事務ならどうか。たまたま知り合いの先輩経由で教えてもらった出版社が、アルバイトの募集をしていた。業務内容は、事務と営業。営業もやらなければならないのが気になるが、興味のある分野の本を出している数少ない出版社ということもあり、すぐに応募する。数日後、採用の連絡をもらった。事務の日は問い合わせの電話応対や、なにかの数字をエクセルシートに打ち込む仕事のほか、ときどき販促物を作ったり、新刊の献本の梱包を手伝ったりした。画面の文字を見ながら処理する、という仕事はなかなか向いているかもしれない。いい調子。販促物の制作も、器用ではないがだんだん慣れてきた。いい調子。しかし、電話だけは苦手だった。聴覚検査でひっかかったことは一度もないのに、かなりの頻度で聞き間違えをしてしまうのだ。あるとき、編集者のSさん宛に電話がかかってきた。「ホニャホニャフンフコのIと申しますが、Sさんはいらっしゃいますか」。初めて聞く名前に、慌てて受話器のそばのメモ用紙を一枚取り、耳にした言葉を走り書きする。保留ボタンを押し、Sさんの方を見ると、いつもの席に座って仕事をしており、他の電話にも出ていない。ヨシッ。意気込んでSさんへ声をかけた。

「Sさん！　大日本帝国のIさんからお電話です！」

やった。ちゃんと社名も担当者の方の名前も聞いて、伝えられた。ほっ。目的を達成し、すっかり安心しきって仕事に戻ろうとすると、なぜだかオフィスにいる社員みんなが笑っている。「やめてくれ……」と、Sさんがお腹を抱えて笑っている。なにがどうしたのだろう。すると少ししてから先輩が「『大日本印刷』かな……」と教えてくれた。たしかに、大日本帝国は、もう存在しない。落ち着いてみれば、大日本帝国でないことはわかる。大日本帝国の人から電話がかかってくるはずがないことも、わかる。でも、たしかにIさんは「大日本帝国」と言ったのだ。聞き間違いであることは周囲の反応から明らかだったが、ほんとうは大日本帝国のIさんからのお電話だったのではないかと、未だに疑っている。

では、営業のほうが向いていたのかというと、そういうわけでもない。そもそも話すのが苦手で、自分ですらなにを話しているのかわからなくなることも、しばしばある。そんな状態のまま独り立ちし、なんとか書店営業をしていたある日、先輩のKさんが同行してくれることになった。ひどい有様を見せてしまうのは心配だが、フォローしてもらえるのはありがたい。新刊と既刊の注文用紙を持って、担当していた六本木のあおい書店や青山ブックセンター、神谷町のTSUTAYA BOOKSTOREを回った。わたしがいつも通り新刊の説明をしたあと、Kさんが、豊富な知識と視点で、既刊の本の魅力を補足する。すると、いつもはなかなか注文をもらうのが難しい既刊も、何冊か入れてくださることになった。Kさん、やっぱりすごいなあ。わたしはKさんの営業力に感激しながら、帰社した。

Kさんは、他の社員さんにわたしの様子がどうだったか訊かれている。大丈夫なわけないよな、とひやひやしながら、体をちいさく、耳だけはおおきくして様子をうかがうと、「それが、手をぐるぐる回しているだけで『じゃあ10冊で』って注文もらってて、すごかったんですよ」とKさんが笑いながら、でも茶化す感じではなく真剣に語っていた。いやいや。そんなわけないじゃないですか。ちゃんと説明してたじゃないですか〜。……いや、どうだっただろう。たしかに、今回の新刊はこんな感じなんですけど、と本の概要が書かれた注文書を渡したのち、

『いとまきのうた』の歌のふりつけのように、目の前で手をぐるぐる回して「どうですかね……」と言っていただけのような気もしてきた。というか、それしかしてない気がしてきた。その日うかがった先にいたのが、たまたま優しい担当者さんばかりだったので、それでも許してもらえていたのだと思う。他のお店でも、手を回してるだけで注文がもらえるなんてことは、もちろんなかった。就職することになったら、営業だけはやめようと心に誓った。

倉庫ではたらく

大学を卒業してから半年後、コンビニのバイトからアパレルの倉庫のバイトへと職を変えた。前述の通り、当時のわたしは長らく紛争状態が続いているコンゴの支援活動を行っていた。学生時代に現地へ訪問した際、紛争の被害に遭った女性たちは社会復帰のため洋裁技術訓練を受けているが、支援を受け終えた後の働き口が整っていないと聞いた。現地から日本へ戻ってきた直後は、「自分になにかできるかも」なんて少しも考えられなかったけれど、コンビニのバイトをしながら、これでいいのだろうか、ともやもやする日々が続いた。

コンビニでバイトをしているだけでは、だめかもしれない。そう思ったある日、好きなセレクトショップの採用ページを覗くと、倉庫スタッフの求人が出ていた。しかも、輸入した商品を扱う部署だった。現実的に自分がコンゴの女性の支援をできるようになるのかはわからないけれど、輸入した商品をどうやってお店まで卸すのか知ることは、きっとこれからの自分に役立つかもしれない。倉庫で働くことに、純粋な興味もあった。そのまま応募フォームに必要項目を埋め、送信。後日面接をしてもらうと、無事採用となった。

倉庫のバイトは、思いのほかたのしかった。あまりにも肌に合っていたため、この五年後にもまた別の会社の倉庫バイトをはじめることになるが、その話はまたのちほど。なにが合っていたかというと、とにかく広い空間ではたらくということと、川が近いことだった。

郊外のコストコやイケアへ行くとテンションが上がる人は、もしかしたら倉庫が合うかもしれない。扱っているのは服なので、わたしがバイトしていた倉庫はコストコのように物が積み上がっているわけではなかったけれど、とにかく広い敷地にいることがおもしろい。普段生活するときに身を置く室内は、六畳の1Kの自室か、縦にはやたら長いが横の空間はさほどない電車内か、最寄りの駅くらいである。しかも、都内の電車や駅の中はだいたい人でぎゅうぎゅうなので、どんなに敷地面積が広くても、空間にゆとりがあるようには思えない。一方で、倉庫は「一人あたり何平方メートル与えられているのだろう」と考えたくなるほどに、広い。一人あたりの背景がでかいのだ。走っても走っても、端から端へと簡単にたどり着かない。働くようになってから、それはつまり「トイレまでの距離が遠い」ということでもある、と気づいたが、それくらいしかネックに感じることがない。

川から近いことは、思いのほか自分にとってプラスの要素だった。天気のいい日はだいたい川へ行き、目の前で流れていく水を眺めながら土手でお弁当を食べる。帰り道、個人商店でアイスを買い、小学校の目の前を歩きながらアイスを食べるのも、たのしみのひとつだった。川という存在が、自分の人生にあまり登場してこなかったせいなのかもしれない。わたしの地元には湖があるが、湖の水は縦方向に流れたりしない。ふよふよと、やる気なさげに水面を揺らすだけである。川は、流れる。さっきまで目の前に流れていた水が、瞬く間に消えて、上流からやってきた別の水が流れてくる。だからおもしろい。

仕事も、おおむねたのしんでいた。輸入先のタグの表記が「ネイビー」ではなく「MIDNIGHT」になっていて、その表現のうつくしさにうっとりしたり、触ったことのない生地に触れて、そのなめらかさに「わっ！」と驚いたり。検品によって服一枚から感じる情報は膨大で、豊かだった。もちろん、日々の業務は地道なことばかりで、千枚のTシャツの検品のときには終わりが見えなくてだんだん嫌になっていたし（いろんな色や柄があればまだしも、無地の同じ色ばかりだった）、ドレスシャツ何百枚の検品もかなりキツかったけれど、仕事としてはたのしさのほうが上回っていた。

そういえば、なんでも話せる仲のYさんと出会えたのも、倉庫のバイトをはじめてよかったことのひとつだ。わたしが入社した頃、先輩のYさんは金髪のロングヘアーだったので、第一印象は「ギャルだ……！」である。でも実際にはかなり気を遣ってくれる優しい先輩だった。わたしが通勤途中にどんぐりや銀杏の葉っぱを拾ってきて、荷物置き場に置いていてもとがめずに「またどんぐり拾ってきてるよ〜」と笑ってくれた（上司のWさんには「変な部署だって思われるからやめろよ！」とまあまあ嫌な顔をされた）。

Yさんはときどき、倉庫のちいさな窓を開けて、「ひらめん、春の匂いがするよ！」とか「見て夕焼け！」とか、ささいな日常の変化を教えてくれたりもした。その後何度か転職してみてショックだったのは、そんなことを共有し合える人は、社会人になるとあまりいない、ということだ。どんなに空がきれいなグラデーションを描いていても、外から春のこもれびのような、やわらかな甘い匂いが香ってきても、それを同じように喜んでくれる人を会社の中で見つけるのは難しい。Yさんといっしょに働いている間は、自分がうれしいと思うこと、大事にしていることがしっかりと守られているような安心感があったように思う。もしYさんがいなかったら、川とそれなりにたのしい仕事があったとしても、すぐに辞めていたかもしれない。

Yさんと一緒に働いていたなかで、印象に残っている日がある。その日は、他の部署のヘルプでオフシール（値引き表示のシール）を貼り続ける作業をしていた。お昼過ぎまではふたりとも黙々とシールを貼り続けていたのだが、なにかの拍子に雑談がはじまる。ほんとうに、なんでもない会話。そこから、なぜかだんだん込み入った話になっていき、気づけばふたりで泣いていた。目頭が熱くなる程度ではなく、ぽろぽろと涙が落ちるくらいの、本気泣きだった。その頃のわたしは、学生時代バイトしていた出版社でいちばんお世話になった上司を亡くしたばかりで、大事な人が急にいなくなってしまうことのさみしさを、うまく外側へ出せず、ずっと変な熱が自分の中にこもっていた。そのぐにゃぐにゃとした感情を、足りない言葉をつなぎあわせながら彼女に打ち明けていたような気がする。生焼けのクッキーみたいなその感覚を、彼女に打ち明けていたんだっけか。あのときの感覚は今でもくっきりと覚えているのに、輪郭を捉えようと手を伸ばすと、するっと指先を通り抜けてしまう。だからこそ、ずっと記憶に残っているのかもしれない。いまこの瞬間、シールを貼りながら泣いているのはわたしたちだけだろう、と思ったら、おもしろくて、かなしくて、もっと涙が出た。赤くなった目や鼻の熱が引くまで、なんで泣いてるんだろうね、と涙を拭って笑い合った、あの時間。もし上司がそばにいたら、雑談にうつつを抜かして、しかも話が盛り上がりすぎて泣いてるなんて、と、呆れられながら怒られたに違いない。だけど、あの日のあのときだけは、あんなにだだっぴろい、そして数十人のスタッフが働く倉庫で、自分とYさんのふたりだけしかいないようだった。

ちなみにYさんとは、今も年に数回会っては、近況報告会をしている。大変な時期を一緒に過ごした同志のような存在には、きっとこの先もなかなか出会うことはできない。

お金がない

倉庫のバイトはたのしい。でも、生活は苦しかった。吉祥寺の家賃六万二千円のアパートに住み、お昼は持参したお弁当かカップラーメン。コンビニ時代は時給千二百円で働いていたけれど、当時の倉庫のバイトは時給が千円。この二百円の差はおおきい。仮に一日八時間、月に二十日働いていたとすると、ひと月だけで三万二千円の差になる。月給二十万円未満ともなると、千円だって気軽に使える金額ではない。三万二千円なんて、大金もいいとこだ。

さらにわたしは、変わらずコンゴの支援活動を個人で行っていた。今にして思えば、こんなぎりぎりの生活をしている身でよくそんな心の余裕があったなと思うけれど、心の余裕とかそういう問題ではなかったような気がしている。そのときは学生時代から続けてきたから当然やるもの、と捉えていた節があった。お金がないことに、慣れていたとも言える。

お金がないと、「余暇をたのしむ」ということができない。なにもできないかというとそうではなく、散歩へ行くとか、公園で本を読むとか、それくらいのことはできる。だけど、せっかく東京に住んでいて、いろんなものが手に入ったり見に行くチャンスがあっても、お金がないとなにもできなかった。買いたい本。行きたい展示。食べたいごはん。それらを、「いつか」の希望の中に閉じ込めることしかできない日々を、重ねるばかりだった。

大学卒業後のある日、高校の同級生ふたりと東京でランチをすることになった。

彼女らはわたしと同様、大学進学を機に地元から上京していて、都内に住みながら会社員として働いている。なんかの拍子で久しぶりに会おう、となり、中目黒のフレンチでランチをすることが決まった。フレンチなんて、行ったことがない。一体いくらくらいなんだろう。しかし、ランチである。わたしの知っている高いランチで、千二百円。フレンチと言ってもランチだし、千円前後だろう、と予想し、わりかし気楽な気持ちでお店へ向かった。

お店へ到着し、テーブルに置かれたメニューを見つめ、おもわず何度もひっくり返す。メニューがひとつしかないタイプのお店というのがあるんですか？　二千円のランチコースしか載っておらず、松竹梅的な価格の幅もなく、松一択のようだった。松のみ……。ふたりはさも当然という感じで、飲み物どれにしよう、と話している。飲み物も、なんだかやたら高い。これもまた、松のみ……。結果、雰囲気に押されて、わたしも飲み物を注文。合計で約三千円になった。まさか、地元から出てきた同級生の金銭感覚が、自分とそこまで違うとは思わなかったのだ。だって、二千円のランチを出してるお店なんて、茨城のどこを探してもそう簡単に見つからない。千円を切るランチの方が、なんなら多いんじゃないか。二千円のランチと千円弱の飲み物（たしかワインだったと思う）は、千円のランチと五百円のワインの二倍の量が出てくるわけでもなく、二倍おいしいわけでもない。そこでわたしは、使われているお皿や店内への滞在時間にお金を払っている、ということで納得することにした。ふたりは、さして値段を気にする様子もなく、高校生のときと変わらない話し方で会話をしている。もしかしたら、これが正社員とバイトの差なのかもしれない。そう思うと、この場で普通のふりをし続けることに、居心地の悪さを感じた。

今でも、やはり二千円のランチは高いと思う。千円以上だって、ちょっといいごはんだ。だけど、お金がないことで、お金を持っている人と同じものをたのしめないのは、さみしかった。最初から最後まで、わたしは味よりもお金のことを気にしていたのだ。これが二千円か……。もし今日行かなかったら、行きたかったあのお店でごはんを食べたあと、読みたかったあの本を一冊買って、喫茶店でコーヒー飲みながら読書できたんだよな、と思う。お金があれば、きっとそんなことは考えない。友だちとのごはんも、ひとりでのごはんも、どっちも選べばいいのだから。お店の外に出ると、夕方になってもなお、空からは夏らしくまばゆい日差しが降り注いでいて、何時なのかわからないほどに明るい。高架下のお店からは早くから飲みはじめている人たちの盛り上がる声が聞こえてくる。まぶしくて、たまらない。なにか取り返しのつかない選択をとってしまったのではないか、と不安が押し寄せる。結局のところ、就職したほうがよかったんじゃないか。今の自分には、迷わずに否定する強さがない。その事実を受け止めなければいけないことは、なによりもつらかった。

とにかく「お金がない」ということばかり考えてしまうのが、お金がないことの最大の苦しみだ。税金が払えないから来月はここを節約しないとな、とか、お米なくなりそうだけど、五キロ買うと千五百円が一気に飛ぶから今すぐは買えないな、などと常に頭の中で考えなければならない。起きている間はずっと、お金の計算をしている。友だちから遊びに誘われても、会うまでの往復の交通費とごはんもしくはお茶代を計算して、「いくらになるかな」と気が重くなってしまう。かといって、お金がないから無理、とは言いたくない。

ほんとうにお金がなくてどうしようもなかったときは、炊飯器に残っているお米の匂いで空腹をしのいだ。お米を買い足す余裕がなくなると、明日の朝ごはん用に残しているお米の匂いをかぐ。水道水をがぶがぶと飲み、胃を油断させて寝る。ぎりぎりの状態だとは、思わなかった。食べることは好きだったけれど、食べるものには無頓着なせいで、一食くらい抜いても生きていけるだろう、と考えていたのだ。

少し経済的に安定するようになってから、スーパーでお米を買うとき、冷めたごはんの入った炊飯器のふたを開けるとき、ふとあの時期のことを思い出す。しんどくて意味わかんなかったし、あのときがあってよかった、なんて、ぜったいに言いたくない。だけど、あの頃の自分は誰よりも炊きたてのごはんのおいしさを知っていて、そんな自分を馬鹿にしようとしなかった、それは今のわたしが誇れるところだなと思う。

時間の換金には限度がある

「栄養ドリンクを飲むことで、時間を買える」と信じていた。

倉庫のバイトは副業が禁止だったが、前述のコンゴの支援をするためのイベントを開催するため、さまざまなお金が必要になり、あるときから一度は辞めたコンビニに出戻り、倉庫のバイトとかけもちするようになった。朝の六時から八時はコンビニ、九時四十五分から十八時までは倉庫で働き、帰宅してからはイベントで配布するためのリーフレットを作る作業をする。デザインのことなどはまったくわからないので、Ｉｌｌｕｓｔｒａｔｏｒの基本的な使い方を覚えるだけで膨大な時間が過ぎていく。ようやく入稿が完了したと思ったら、印刷会社から「不備があります」と連絡がきて、何度もふりだしに戻される。しかし、イベントの日はどんどん迫っているし、明日の朝も迫っている。四時半に起きないといけないのに、すでに時計は三時を示していた。まずい。でもここで寝たら、ぜったいに寝坊する。思考と作業の間をうろうろしているうち、気づけば気絶したように寝落ちしていた。

そんなわけで、毎日が眠気との闘いである。コンビニへ出勤するといつも、勤怠を打つ前にひとつだけレジを使えるように設定しておき、栄養ドリンクを買ってぐいっと飲む。八時に退勤したら、途中のコンビニでブラックコーヒーを買い、飲みながら倉庫へ向かう。毎日レッドブルやチオビタなどなにかしらの栄養ドリンクとコーヒーを一日二杯以上飲むことで、なんとか目を開けていられた。頭がちゃんと起きていたのかはわからない。睡眠不足が続くと、歩いて眠る術を習得する。もちろん眠りこけるわけではない。いつもの帰路ならどっちへ向かうかなんとなくの方向はわかるので、人がいないなと思ったら、目を閉じながら歩く。目を開けていることがつらいので、それだけでもちょっと楽になったのだった。

しかし、こんな日は続かない。ある日、いつものようにコンビニへ出勤し、ユニフォームへ着替えようとトイレへ行った。ついでに用を足し、水を流そうとして、ぎょっとする。口の形も「ぎょっ」になった。血便だった。びっくりしたのも束の間、自動水栓でブツはさ〜っと流れていってしまう。おーい！　どうしよう。写真を撮った方がよかった？　いや、写真をスマホに残すのは嫌すぎる。着替えながら、働いている場合じゃないよな、と思うが、どこかが痛いという感じもしない。その日はいつも通り働き、翌日に病院を探し、週末診てもらうことにした。

　ちょうど桜が満開を迎える頃だった。病院のある、新宿御苑前駅へ降り立つ。花見客だろうか、平日にもかかわらず駅前はにぎわっている。おしゃれなお店がいっぱいあったが、わたしはこれからお尻を診られるのか、と思うと景色がくすんで見えた。知らない人にお尻を見られるなんて、想像しただけで気が重い。心なしか、お尻まで重い。病院へ入ると、きれいで新しそうな院内で、ひとまずほっとする。せっかくお尻を見せるなら、清潔な病院の方がいい。唯一懸念する点があるとすれば、診察代がいくらなのか、である。先生の問診が終わり、後日内視鏡検査をすることが決まる。検査代も想像よりは高くなく、胸を撫で下ろす。空いている日はこの日のこの時間だけど、大丈夫？　と聞かれる。その日は、わたしが主催しているイベントの、プレスリリースを配信する日だった。プレスリリースの配信とは、メディアで取り上げてもらうため、「こんなおもしろいイベントを開催しますよ！　よかったらあなたのメディアで紹介してね！」とアピールし、イベントやお知らせを発表することである。配信の日にちや時間が少し違うだけでも、メディアに取り上げてもらう確率が変わってしまうので、その日程をずらすことは難しい。でも、大腸から血が出てるかもしれないのに、検査を後回しにするのもこわい。なんとかするしかないな……。これ以上お尻を不安にさせるのも不憫なので、その日に検査をしてもらうことにした。

二十四歳にして、大腸の内視鏡検査デビューも嫌だったが、実際の検査はもっときつかった。まず、お尻に管みたいなのを入れられる。全身麻酔をしてもらえるけれど、穴の開いたへんなぺらぺらのズボンみたいなのを穿かされてかなり恥ずかしい。検査中は痛くないのでそこまでつらくない。もっとも過酷なのは、検査前に一時間くらい時間をかけて、一リットルくらいの下剤を飲み続けなければいけないパートだ。下剤を飲む部屋にトイレもあり、飲んでは出すの繰り返し。ここまで頻繁に便意と向き合わなければならなかったのは、人生で初めてだった。お腹をくだす、なんてレベルじゃない。しかも、便座に座りながら、イベントのプレスリリースを取り上げてもらえそうなメディアへ、個別にメールを送らなければならなかった。なぜこんなときに、メールを送らなければならないのか。なぜ、体調が悪いのに、こんなにつらい思いをして便を出さなければならないのか。腸にダメージを受けているせいか、情緒がおかしくなっているので、メールの文面が妙に切実なトーンになってしまい、慌てて修正する。検査が終わり、数日後に結果を聞きに行く。あれだけ大変な思いをしたにもかかわらず、原因はわからなかった。出し損だった。

振り返ってみると、カフェインの過剰摂取が要因のひとつだった気がしている。だけど、あのときは合法なものとして売られているものを飲み続けるだけで、体調を崩すなんて思わなかったのだ。だんだんおへその下の奥あたりが痛み出し、立って歩くことすらしんどくなってしまってから、自分の生活を省みるようになる。キッチンのゴミ箱の横にある、いくつものビニール袋から溢れかえった、栄養ドリンクの瓶。おかしかった。毎日過剰にカフェインを摂っていれば、一、二時間の睡眠でなんとかなる、なんてそんなわけがない。もしそうなら、こんな簡単に入手できるはずがない。

大腸が出血してようやく、はっきりと認識した。時間をお金に換えるには限度があるのだ、と。時給千円で正社員ぐらい稼ごうとしたって、一日中働いても追いつかない。だからみんな、いやでも就活をして、就職するのだ。いまは、生活以外でお金が必要だから、無理な働き方をしていた。でも正直なところ、普段の生活だってぎりぎりで、もしもっと大きい病気で入院することになっていたら、その医療費を払う余裕もない。働き方は好きだったけれど、何年も今の生活を続けるのは難しいのかもしれない、と気づいた。大病を患う以外にも、想定外の出費はこれからもきっとある。五月に主催していたイベントをなんとか終え、事後処理を済ませた六月、わたしは転職エージェントへ登録した。

はじめての

就職活動

転職エージェントに登録する

さて、ここからは学生時代の自分もびっくりの急展開である。あんなに就活に対して否定的だったにもかかわらず、いざ就職をしようと思い立つと、その日のうちに転職エージェントへ登録していた。キャリアアドバイザーとの面談で、担当のSさんにこれまでの経緯を説明する。Sさんは、ネイビーのスーツをまとっているが、堅苦しい雰囲気はない。ゆるやかなパーマがかかった少し長めの髪型と、人懐っこそうに笑う表情から、気さくそうな人柄であることがうかがえた。その後、履歴書用の写真の撮影、職務経歴書の作成などをトントンとこなしていく。あとは、書類選考に通過した会社からの連絡を待つのみである。

前述の通り、わたしは一度も会社に就職していない。だから本来は、転職エージェントへ登録するのは間違っているのかもしれない。しかし、すでに大学を卒業して一年以上が経過していたため、当時は新卒扱いでの採用とはならず、だからと言って今ほど既卒向けの転職サービスもなく、転職エージェントに登録するくらいしか、方法がわからなかった。とは言え、企業側としては中途採用の募集をかけているのだから、ある程度即戦力であってほしいと思っている。Sさんは、どういうつもりで紹介してくれていたのだろう。そういえば面談のときも、経歴を伝えると「あっ、そうなんですか！　へ〜、なるほどなるほど……なるほどですね」と、まったく「なるほど」とは思っていない、棒読みの「なるほど」を連呼し、しばらく無言の時間が訪れた。かろうじて主催していたイベントのメディアでの取り上げ実績がかなりあったので、広報なんかに向いてるかもしれないですね、みたいなことを無理やり言ってくれた。不安なスタートダッシュだった。

初めての面接

まず最初に一次面接の案内がきたのは、ＰＲの会社からだ。今ではなんの職種だったのかあまり覚えていないが、たぶんＰＲプランナーとかだったと思う。ＰＲの会社がなにをしている会社なのかさっぱりわからなかったが、一生懸命ホームページを見たり、受け答えの練習をしたりして、面接当日に臨んだ。ここであらためて言っておかねばならないのが、わたしはとても喋るのが苦手ということだ。出版社のアルバイト時代、「なにも説明せずに腕をぐるぐる回しているだけで受注してきた」と言われるくらいの実績がある。自分としてはもう少しまともに話してるつもりなのだけど、他の人から見ると実際にそんな感じなのだと思う。

奇しくも、そのＰＲ会社は、わたしが学生時代にアルバイトしていた出版社と同じ最寄駅にあった。まったく知らない土地よりも、かなり安心感がある。これは、チャンスかもしれない。物理的にも追い風が吹いている。今日は一次面接なのに、根拠もなくこの会社に入るような気がしてきて、「この辺でランチを食べるかもしれないなあ」などと浮かれ気味に周辺のごはん屋さんを探しはじめた。ふむふむ。すぐそばにはなさそうだが、ちょっと歩くといろんなごはん屋さんがありそうだ。今は総額が三百円くらいに収まるおにぎりとカップスープみたいなギリギリ飯しか食べられてない。就職したらこういうおしゃれなごはん屋さんで、ランチできるようになるのかもしれない。

会社の仕事よりもランチ事情への期待をふくふくと膨らましている間に、面接の時間が迫る。慌ててオフィスのほうへ戻り、エントランスのエレベーターで、面接会場へ向かう。エレベーターが何台もあり、オフィスと思しきフロアに降り立つと、ぴかぴかの真っ白な壁で覆われた空間が広がっていた。受付の人に声をかけると、ほどなくして面接官のおしゃれな女性ふたりが現れる。お、おや……。普段コンビニで接客するお客さんは、ばちっとスーツを着ている人か、かなりカジュアルな広告代理店の人たちばかりだったので、こういうオフィスカジュアルというのか、きれいめな恰好をしている女性と接することは少ない。ヒールの高いパンプスで歩を進めるごとに、彼女たちの丁寧に巻かれた明るめの茶色い髪が揺れる。ここに自分が馴染むか？　と考えると、疑問だった。ただ、せっかくなので面接は頑張りたい。気合いを入れて、質問に対して回答をする。初めてにしては、なかなかうまく喋れたんじゃないだろうか。目の前の面接官の女性たちも和やかに微笑んでおり、面接中の雰囲気もとてもよかった。

面接が無事終わり、エントランスホールから外へ出る。この景色を、これから毎日見るのかもなあ。一次面接が通ったとしても二次、もしくは三次面接まで行われる可能性があるので油断はできないが、ひとまず今日はよくやったもんだ。

数日後、キャリアアドバイザーのSさんから電話がかかってきた。電話で連絡してくれるということは、やはり一次面接には通過したのだろう。軽やかなテンションで電話に出ると、Sさんの声のトーンはあまり高くなかった。「先日受けていただいた○○社ですが、一次面接の結果はお見送りとなりました」。がーーん。けっこう上手く受け答えもできたと思うんだけどな、と言いたい気持ちをぐっとこらえていると、Sさんは「○○社からはフィードバックもきています」と続けた。フィードバック。今回の改善すべき点ということだろう。声が小さかったとか、そんなことではないだろうか。いずれにせよ、次回に向けて聞くべきである。

「えー、○○社の面接官からのフィードバックは、『日本語が危うい』ですね」

日本語が危うい……？　さらにSさんは「まあでもひらいさん、初回ですし、面接はとにかく場数を踏むことが大事ですから。これからどんどん面接していって、慣れていきましょう！」と電話越しで陽気に鼓舞してくる。いやいや、「日本語が危うい」って、もうちょっと言い方があるのでは⁉　と思ったが、これはつかりはSさんもフォローするのが難しかったのかもしれない。言い換えようとしても、『日本語がおへタなようです』『なにを言っているのかちょっとわかりかねます』となり、どのみち救いようがない。どうにも次回に活かしきれないフィードバックだったが、「面接の雰囲気の良さ」は選考結果と相関していない、というのが最初の面接の学びとなった。

「世の中そんなに甘くないんだよ」

このあとに続く面接はとにかく最悪だった。なぜ書類選考を通したのか、担当者に強く問いたい。もはやなんの会社かすら覚えていない。なにかをしている上場企業。バイト終わりに私服からスーツへと着替えて電車を乗り継ぎ、溜池山王駅で降りる。五分ほど歩くと、指定されたビルに到着した。入口を抜けるとぎらぎらのオフィスが目の前に広がる。夜だったこともあり、クラブみたいにも見えた。青いネオンの電飾がゆらゆらと室内を照らしている。煌びやかなオフィスだが、人ひとりいない。七月だというのに、びっくりするくらい空気が冷たくひんやりしている。とにかく異様な空間だった。入った瞬間「間違えた」と思ったが、ここで帰るわけにはいかない。嫌な予感を抱きながら小声で「すいませーん……」と呟き、ウロウロしていると、ガラス張りの会議室からオールバックの男性が現れた。「アッ、これは終わった」と思った。殺される。早く帰りたい。嫌な予感が確信に変わっていく。

最初になぜうちの会社を志望したのか、どのように活躍できると思っているのか、などよく聞かれる質問をされ、真面目に答えていたのだが、終始高圧的で、人を馬鹿にするような態度をとられる。腹立たしい。最後は説教みたいな話をされて、面接が終わった。面接を辞退すればよかったな、と心の底から思う。当時は自分が会社を選べる立場じゃないと弱腰だったし、行かなければいけないものだと誤解していた。実際には断っても問題なかっただろうし、行きたくないなら、行かないほうがいい。

次の面接は、これまたなんの会社かわからない会社だった。興味がないことにはとことん興味を持てないのが、自分の悪いところである。ITだったかな。思い出せない。先日面接した会社は夜遅くでクラブみたいな会社だし、なんだかおかしいなと思ったが、今回は十四時だし、オフィスに人もいて、不自然さを感じることはない会社だった。面接官として、四十代くらいの男性ふたりが現れ、会議室へと案内される。ここでも訊かれることはだいたい同じで、よく訊かれる質問に受け答えをする。

どういうことがやりたいか、と訊かれて、わたしはたしか「経済活動の中で社会をよりよくしていきたい」というようなことを答えた。当時は、コンゴの支援活動を、寄付で終えるのではなく、経済活動によってよりよい循環を作っていきたいと考えていたからだった。すると、面接官のおじさんのうちのメガネのほうが鼻で笑った。「鼻で笑う」という行為を、こんなにわかりやすくする人がいるものなのか。気のせいだ、と取り乱さないように見なかったことにすると、メガネは笑いながらこう言った。「世の中ねえ、そんなに甘くないいんだよ」。絶句だった。世の中がそんなに甘いと、アンタが困るだけでしょうが。初対面の人に対して、こんなに頭に血が上ったのは初めてである。しかし、言い返したら、メガネと同レベルになってしまう。なにも言わずにいたら、さらに馬鹿にしたように笑われ、逃げるように面接会場を後にした。泣きたかった。

まぶたの奥からじわじわと押し寄せてくる涙をぐっとこらえ、オフィス街をとぼとぼと歩く。最悪だ。就職活動なんて、しなければよかった。行くたびに馬鹿にされて、笑われて、こんな会社ばっかりの世の中なんて終わってる。このままずっと、倉庫とコンビニのバイトをしているほうが、まだマシかもしれない。最寄駅までどんよりとした気持ちを抱えながら歩いていると、キャリアアドバイザーのSさんから電話がかかってきた。一部始終を話すと「それはひどいですね。僕からもその会社に忠告します」と怒ってくれる。Sさん、なんだかんだ良いところもある。面接直後は、「面接官みたいな人たちと目線を合わせなければ、就職できないのかもしれない」と不安になっていたけれど、やっぱりあの人たちがおかしかったのだ。感情の昂りが少し収まり、のしのしとまた歩き出す。気がゆるんだのか、小さな段差で派手に転んでしまう。膝から血が出ていた。せっかく泣くのを我慢していたのに、転んで膝から血が流れるのを見て、今度こそ泣いた。立ち上がり、ぼろぼろと落ちてくる大粒の涙を砂のついた手で拭いながら、キッと前を向く。ぜったいにあいつらをギャフンと言わせてやる。どうやってギャフンと言わせるかはともかく、心の中で固く誓った。

再最終面接

就職活動には嫌気がさしていたものの、あんなわけのわからない大人のせいで就職を諦めるのも悔しい。またいけすかない面接官に面接されるのは気乗りしないが、エージェントからのメールはこまめにチェックしていた。ある日、ふたつの会社からの面接案内が届く。A社は説明会への参加をした後、選考へ進みたい人だけが一次面接をしてもらうという流れだった。もう一方のB社は、今まで書類選考を通過した会社の中で、いちばん大きい会社だ。こちらはいつも通りまずは一次面接を受けることにした。

先にA社の説明会の日程が決まり、後日オフィスのある千駄ヶ谷へ向かう。夕方で、まちにいる人がまばらだったこともあったかもしれないが、個人的な感覚として、千駄ヶ谷は空気がいいような気がする。嫌な大人があんまりいなさそうだ。会場に着き、説明会が始まる。ぱっと見、参加者の多くはわたしよりも歳が上の人ばかりだったが、スーツの人もいれば、カジュアルな恰好の人もいた。社員の人が何人か代わるがわる前へ出てきて、どんなことをしているのか、業務内容や業界についての話をしていく。A社はマーケティング支援の会社だった。社員の人の雰囲気もほどよくフランクで、とてもいい感じだ。小ネタをはさみ、会場では何度か笑いが起こる。最後、その場で課題みたいなものをやり、「面接に進むことを希望してくださる方は、目の前の用紙にチェックをしてお帰りください」と言われ、力強くチェックをして社員の人に手渡す。これまで受けた中では、もっとも興味が持てそうな会社だったのだ。いいやつに思われたくて、精一杯の愛想のいい顔でお礼を伝えてその場を去った。手応え、ヨシ。手応えがよかったときほど、結果がダメだったことの方が多いが、ダメならダメで、もう一社の方を頑張ればいい。帰り、千駄ヶ谷駅のホームから生い茂る緑が視界に入る。この景色を毎日見られるなら、いいな。淡い期待をしながら電車に乗り込んだ。

もう一社のB社は、わたしでも知っている大手企業だが、なにをしている会社かはよくわからなかった。ひとまずわたしは、転職エージェントのリクルーティングアドバイザー（法人営業）、もしくはキャリアアドバイザーの面接を受けに行くようだった。面接の日が決まり、最寄りの東京駅に着くと、見上げてもてっぺんが見えないようなどでかいビルがぼこぼこと立ち並んでいる。歩いているのはスーツケースをひく旅行者か、せかせかと小走りで通り過ぎる会社員らしき人たちばかりだ。面接の時間が近づき、地図が示すビルへ向かうと、そこはほぼ駅直結の、どでかいビルだった。エントランスの受付の方に声をかけると、入館証を渡され、エレベーターに乗るよう案内を受ける。ゲートにピッと入館証を当て、エレベーターに乗り込む。グングンと二十何階かまでのぼるが、落ちそうでこわい。周りの人は、いかにもこのビルで働いている会社員のようで、なんだかきらきらして見え、まぶしい。会場のある階で降りると、またもや受付があり、面接がある旨を伝える。大人が五人は座れるであろう、円形のおおきなソファに、案内してもらった。

書類選考を通過したのはいいが、大きい会社で面接を受ける、という状況にものすごく緊張してしまう。このままではいけない、と家から持ってきた小さなノートを取り出す。わたしは小学生の頃から二十四年間たまごの賞味期限が記載されたシールを集めており、たまごシールの数なら、自分の右に出るものはいないと思っている。だから、シール帳を眺めることで、「面接官のこの人は、わたしよりたまごシールを持っていないだろう」と緊張を和らげられるだろうと思い、持参してきたのである。効果は絶大だった。こんなに大きい会社に、どれだけたくさんの人が働いていようが、わたしよりたまごシールを集めている人はいない。それは、わたしにしかない強みなのだ。こそこそと開いたカバンの隙間からシール帳を眺めていると、自分の名前が呼ばれた。会議室に入るよう案内され、扉を開けた。

面接官のHさんは、パキッとしたビジネスパーソンのように見えたけれど、高圧的な雰囲気はまったくない。ひとつひとつの質問に耳を傾けてくれる人で、まずはほっと安心する。ただ、わたしがあまりにも頼りなさそうな声で受け答えしているので、しばらく様子を見ているような感じだった。訊かれたことに対し、ポツポツと言葉を選びながら話していると、突然Hさんから「君、おもしろいね！」と元気な声で言われ、びっくりする。なにかおもしろいことを言ったかというとそんなことはなく、まっすぐでない経歴を、おもしろがってくれたのだった。今までいちばん整った受け答えはできなかったのに、最後「ひらいさんは一次の面接にきっと通過すると思う。だから、二次までに会社の本を読んだりしておくといいですよ」と言ってくださった。「素敵な話を聞かせてくれてありがとう」と付け加えて。こんなふうに自分の話に耳を傾けてもらった面接は初めてだったので、すでにうれしい気持ちで胸がいっぱいだった。二次がだめでも、十分だ。就活をはじめてから、いちばん前向きな気持ちになれた日だった。

Hさんの言っていた通り、後日エージェント経由で、B社の二次面接の案内メールが届く。この間に、先日のA社からも一次面接の日程がきていた。先にA社の面接を受けに行くことになり、再び千駄ヶ谷へ。面接では最多である三人の面接官がいたが、こちらもまったく威圧感はなく、和やかに話が進む。主催しているイベントに関しても、集客力やメディアの掲載数を評価してくれ、最初から好意的に面接をしてくれていることがその場の空気で感じ取れた。手応えがありすぎて、やらせかと思ったほどだ。今までの面接官は、なんだったのだろう。あの最悪な面接官たちには、毎日犬のフンを踏んで嫌な気持ちになってほしい。今回は、最後まで嫌な思いをすることなく面接が終わり、エージェントの人にも電話でその旨を報告をした。

一方のB社は、二次の役員面接だった。事前に下調べをすると、面接官のインタビュー記事が見つかる。なんだかものすごい人だということだけは、社会人レベル1のわたしにもわかった。また同じどでかいビルに入ってすけすけのおっかないエレベーターに乗り、面接会場付近のエントランスで待つ。さすがにこの日はたまごシールを眺める余裕がなく、ひたすら足元の地面を見つめていた。名前を呼ばれ、会議室に入る。扉を開けた瞬間「オーラがある人」って、こういう人のことを言うんだ、と思った。ジョン・カビラさんに少し似ていて、怖そうではないのに、ものすごく迫力があるのだ。穏やかな口調で、質問を投げかけられる。しかし、よくある志望動機やどういうことで活躍できるか、といった質問ではない。小さい頃の話、人生でいちばんつらかったときの話だった。何度も深堀りをされていくにつれ、誰にも見せたことのない自分の奥の部分まで見つめられているような感覚に陥る。この人の前で隠しごとはできない、そう思わせるなにかがあった。それがなんだったのかは、今でもよくわからない。人材業界のトップの人には、こちらが構えていても、考えているだいたいのことは見透かせるのだろう。

これだけ丸裸にされれば、落ちても仕方がない。内心そう思っていた。なのに、面接官の役員の人は、なんだか困っているようだった。どうやら、人材業界のトップも困り果てるくらい、「こいつは大丈夫なやつなのか」と判断がつかないようなのである。正直に話せば話すほど、「うーん、不思議だなあ」と明らかに困惑している。予定の時間をオーバーしそうになり、お互いに手応えが得られないまま面接は終了となった。

面接終了後、さっそくキャリアアドバイザーのSさんから電話がかかってきた。いくらなんでも、合否が決まるのが早すぎる。採用の期待を持てない状態で電話に出ると「お疲れさまでした。今日の面接なのですが、再最終面接となりました」とSさんは言った。再最終面接。再最終面接？　最終が再びあることなんて、そんなことあるのだろうか。混乱しながらSさんの話を聞いていると、どうやら再最終面接となることは異例らしく、B社に精通しているNさんがSさんに代わり、対策をしてくれることになった。「ちなみに、今日の面接官の方からフィードバックはありましたか？」とわたしが尋ねると、Sさんは待ってました、と言わんばかりにはりきってこう答えた。「ええと、今回は『独自性が強すぎて、環境に馴染めるか不明』と言われてますね！」。Sさん、もうちょっと言い方があるでしょう。独自性が強すぎて、環境に馴染めるか不明。さらにSさんはこう言う。「この会社、社員に独自性を求めるような会社なんですけどね。ひらいさん、協調性をアピールできるエピソードってありませんか？」。

これまでの人生を振り返ってみても、協調性を発揮した出来事なんていっこもない。修学旅行や学校行事には無理やり参加していたけれど、隙あらばひとりで行動できる抜け道を探していたし、中学は持病の影響で部活に入っていなかったので、放課後はひとりで勉強するか本を読んでいた記憶しかない。でも、高校では部活に入っていた。そうだ、高校の部活だ！

「Sさん、わたし高校では部活動をやっていました」

「何部ですか？」

「軟式野球部です。あっ、でも女子はわたししかいなくて……男子に交じってやっていました」

「えっ？　女子でひとりだけ男子に交ざって？」

だめだ。ここでもちょっと独自性が出てしまう。とりあえずB社に精通するキャリアアドバイザーのNさんに面談をしてもらうことになり、その日までに協調性あふれたエピソードをいくつか考えておくことになった。


Nさんは、かなり朗らかな人で開口一番に「内定もらえるよう、一緒に頑張りましょう！」と言ってくれる。心強い。Sさんが文系の明るい男性だとしたら、Nさんは体育会系の元気な男性、という感じだった。Sさんの話をチラッとすると「Sが担当でしたよね。すごいんですよ、成績もエリア内でトップで」と言われ、びっくりする。あんなに直接的なフィードバックを言うSさんが、成績トップなのか。しかし、まだこのエージェントにお世話になっている身なので、それは黙っておいた。その場でいくつか協調性エピソードを披露した後、これでいきましょう、と方向性がまとまる。よかった。これでわたしも協調性のある人間に見てもらえそうである。協調性がないのはたしかなのだが、それも黙っておいた。

再最終面接は、たしか人事の女性と、働くことになるかもしれない部署の人が面接官だった。役員の人よりはずっと話しやすい。この人たちになら、協調性のある一面もしっかりとアピールすることができそうである。最終面接の人の気迫がすごすぎたせいで、再最終面接の方が、なんだか拍子抜けする感じだった。何日も経たないうちに、またSさんから電話がかかってくる。「ひらいさん、おめでとうございます。B社から内定通知が届きました！」。やった、やっと就活が終わったんだ……。さらに、A社からも実は二次面接の案内がきているのだと教えてもらう。あんなにつらかった就職活動が嘘のように、最後はとんとん拍子に進んだ。わたしは、A社の選考は辞退し、B社へ入社する意向を伝えた。なんだかんだ、エージェントに登録して三か月で就職活動が終わった。もう二度とやりたくない。

実はA社とB社の選考中、とある方から「うちの会社を受けませんか？」とS

NSでメッセージをもらっていた。プロフィールを見ると、バイト先のコンビニが入っている、大手広告会社の元社員の人のようだった。その方は少し前に広告会社を退職しているそうで、転職先の出版社で広報の仕事をしないかというお誘いらしい。しかし、彼とは面識がない。いや、正確にはあるらしいが、一日に数十人の会社員を接客しているので、正直覚えていなかった。なぜ数回接客しただけのコンビニ店員に声をかけてくれたのかというと、同じく接客していた同僚のMさんから、わたしが主催しているイベントの話を聞いて興味を持ってくれたのだという。Mさんも知らないなと思ったが、自分の知らないところで自分の頑張りを見てくれる人がいるという点では、ありがたい。朝の情報番組に、主催したイベントの様子やわたしが質問に受け答えするシーンが放送されたこともあったので、なにかしらで目にしてくれたのだろう。結局B社の内定が出たのでお断りしてしまったけれど、「コンビニの接客なんて」とふてくされず、真面目にやったことにも、ちゃんと意味があったのだ。なにも無駄になることはないし、なんでもチャンスにつながる可能性を持っている。

二社目

営業

入社一か月目

最初の一週間は、同期たちと一緒に研修を受ける。初日には入社式のようなものがあり、偉い人や人事の人が順番に挨拶をしていく。この会社で働くのかあ、と実感のないままポーッと話を聞いていると、ふと近くにいた社員さんに耳打ちされる。このあと代表で意気込みを語ってくれと言うのだ。そんなこと、できるわけない。わたしだけ新卒みたいだけど、他の同期はみな社会人経験を何年か経て転職してきている人たちなのだ。しかし断ることもできず、出番がやってきて、しぶしぶ前へ出た。わたし以外にもハキハキした背の高い男の子が代表として声をかけられたようだったが、明らかに社会人慣れした雰囲気をまとっている。実際、なんだかすごいことを言っていた。わたしはというと、（わたしもなにがなんだかワケがわからないんですよ、ふふふ……）という表情で、ぼそぼそと自己紹介をし、頼りない声で頑張りますと宣言した。

一週間の研修が終わると、担当上司のAさんとYさんが研修室まで迎えにきてくれるらしかった。Aさんは、あまり出会ったことのないタイプの男性だった。ムロツヨシさんに似ていると周囲から言われていたので、ムロさんと呼ぶことにする。ムロさんは、スーツを着ているのに、おしゃれな人である。とっつきにくい人なのかな、と思いきや、口をひらけばこてこての関西弁を流暢に話す生粋の大阪人だった。「周りにはなんて呼ばれてる？」と聞かれ、「ひらいめぐみの略で『ひらめ』って呼ばれることが多いですね」と答えると、さっそくひらめちゃんと呼んでくれる。「ひらめちゃんの歓迎会をやろうと思ってるんやけど、苦手なものある？」と質問され「牛肉アレルギーかもしれないので、牛肉以外なら大丈夫です」と言うと「えっ！　牛肉アレルギーなん？　あぶな、焼肉にするとこやったわ」とものすごくびっくりされた。

初日には、社用のｉＰｈｏｎｅが支給された。ｉＰｈｏｎｅは普段から使っているので操作に慣れていてありがたい。さっそく自分のパスワードを設定し、初期設定を進めた。少し席を離れると一度ロックがかかってしまっていたので、先ほど登録したパスワードを入力する。おかしい。なぜか誤りがあると表示される。何度も試してみるが、やはり違うと表示が出てしまう。自分のｉＰｈｏｎｅでやったことがなかったので知らなかったのだが、何度もパスワードを入力すると、不正利用だと思われて、利用制限がかかる。なんと、わたしの社用ｉＰｈｏｎｅは、配られて一分で使いものにならなくなってしまった。やばすぎる。クビになるかもしれない。真っ青な顔でムロさんへ相談すると、ショムさんに相談してみてと言われる。誰だ。ショムさんって誰だ。オフィスフロアが広すぎて、ショムさんがどこにいるのかわからない。ようやくショムさんを見つけて事情を話すと、一週間は返ってこないだろうと告げられる。情けなかった。しばらく会社の固定電話から、新規アポの電話をかけ続けるしかない。ちなみにショムさんは名前ではなく、「庶務」という役職の人たちのことだった。

わたしが入社した九月は、異動が決まる頃であり、退職をする人も多い月である。異動と言えば、引き継ぎだ。所属する部署にはだいたい二百人ほどいたので、異動や退職の予定がある人も、相当数いたのだと思う。知らず知らずのうちにカレンダーへ引き継ぎの予定の招待がいくつも送られてくる。はて。これはなんだろう。というか、これは誰だろう。顔も名前も知らない人からスケジュールが飛ばされてくるのも不思議だし、入社して数週間しか経っておらず、まだなにがなんだかさっぱりわかっていない新入社員である。ムロさんに尋ねると、「ああ」とよくあることのように説明してくれた。どうやら、担当者からの引き継ぎをすると、自分が今度は担当者として、お客さんをフォローするらしい。引き継ぎをしてくれる人を、これまた知らない別のチームの人づてに教えてもらい、十五分きっかりで引き継ぎを受ける。いなくなる方は、残った人間がどうなるなんて、知ったこっちゃない。みんな早口だし、口頭で言ったことを全部記憶しろ、メモなんかするな、という雰囲気で、完全にパニック状態だった。「明日から有休消化でもう出勤しないから、聞きたいことがあれば今聞いて」と言われても、正直なにがわからないのかもわからない。とにかく聞いたことを記憶するのにいっぱいいっぱいで、聞きたいことがようやく出てきたときには、引き継ぎをしてくれた先輩たちは、誰ひとりいなくなっていた。

そうこうしているうちに、最初の一か月が終わろうとしていた。来月からは同じチームに中途の新入メンバーも入ってくるとのことで、ようやく本格的に業務を進めていくようだ。わたしが配属されたのは、中途採用をしたいと考えている会社に、自社の転職エージェントを使ってもらうための営業活動を行う部署だった。入社早々、引き継いだ会社もあったが、自分でお客さん《クライアント》を新規開拓するために電話をかけたり、「じゃあとりあえず話を聞こうかな」と言ってくれたお客さんのところへ会いに、アポをとって営業しに行ったりするのが基本的な業務である。期待に胸を膨らませ、わくわくしていると、「来週は納会があるよ」と先輩から言われた。納会とは、なんだろうか。「納める会」だよな。奉納とか、そういう感じ？　なにか儀式的なイベントが行われるのかもしれない。当日、緊張しながら先輩や上司について行き会場へ向かう。どうやら銀座まで来たらしい。おそるおそる会場の中へ入ると、パーティー会場だった。全然奉納をやる雰囲気ではない。縦に広く、ビュッフェ形式でごはんを食べる、正真正銘のパーティー会場だった。

納会とは、どうやら今期の締めの会のような催しのようである。四半期ごとにこういった大規模な納会が行われ、各チームの営業成績の発表をする場なのだそうだ。しかし、成績発表の場というのは建前で、でかい音楽が鳴り響く中、みんなでにぎやかにわいわいと話をするのがメインなのだろう。さらに、この規模感ではないにしても、なんと毎月納会があるのだと聞き、よりいっそう気持ちが沈む。

帰りたい、と思った。とにかく一刻も早く帰りたい。まだ入社して一か月足らずで、この場で話せるような人もいなければ、話しかけてもよさそうな雰囲気の人もいない。すると、途中で「こういうの、わたしも苦手なんだよね」と、同じ部の先輩のCさんが話しかけてくれ、ようやく自分だけが馴染めないわけじゃないんだ、とほっとした。Cさんはわたしの隣の席で、ときどきこうやって気にかけてくれる優しい先輩だ。でも、Cさんには、話したい人、仲のいい人もいるだろう。それに、Cさんとも話せることがあるかと言えば、特になにもない。いつまでもべったりと横に張りついているわけにはいかず、トイレに行ったり飲み物をもらったりして、なんとか閉会（？）の時間までやり過ごした。

みんなで会場を出ると、先頭にいるメンバーが「二次会行く人〜！」と手を上げている。こんな地獄があと数時間も続くなんて、とても耐えられない。いちばん後ろにいたわたしは、歩くペースを落とし、少しずつ二次会へ向かう集団から距離をとっていった。でも、きっとわたしがいないことなんて、誰も気づかないだろう。そう思うと、急に寂しさが全身に雪崩れ込んできた。あんなに嫌な思いをたくさんして、ようやく自分が馴染めると思える会社に出会えたのに、わたしは、なんでどこでも、こんなふうになっちゃうんだろう。結局自分の居場所なんて、どこの会社に入ってもなかったのかもしれない。無性につらく悲しくて、銀座のビルとビルの小さな隙間に隠れて、さめざめと泣いた。いつか、今日の日をネタとして話せるようにならないと。いつまでもビルの間に挟まって泣いている場合ではない（かなりせまかった）。掌で涙を拭いて、駅のほうへ歩き出す。居場所はなかったとしても、あのビルにはわたしの席があるのだ。

ほほえみ地蔵

十月に入ると、新たにチームの組み替えが行われた。マネージャーが代わり、リーダーは先月と同じムロさんだった。研修後、迎えにきてくれた上司である。

前回と同じチームにいた先輩もたしか数人いて、ひと安心だ。わたしと十月入社の新人メンバーは、とにかく電話をかけまくり、新規のお客さんを獲得することがミッションとして与えられた。その頃には一分で使えなくなった社用ｉＰｈｏｎｅが戻ってきていたので、再度慎重にパスワードを設定し、記憶し、架電の準備を整えた。バイト時代の話でも少し触れたが、わたしは電話を握らせてはいけない人間である。どんな聞き間違いをするかわからないし、何度聞き返しても結局聞き取れないことが頻繁にあるくらい、耳が遠いのだ。しかし、そんなことを上司に伝えたとて、「電話をかけたくないから、ゴネゴネ言い訳を言っているのだろう」と思われるに違いない。どうなっても知らないからね、と無責任なことを思いながら、電話をかける日々がはじまった。

「電話口で断りやすそうな人ランキング」を作ったら、社内でトップとして表彰されるくらい、わたしは気弱でぼそぼそな声をしている。自分が自分の営業電話につかまったら、真っ先に断るだろう。それでも毎日数十社へ電話をかけていくうちに、なんとか何社かのアポイントをとりつけることができるようになっていた。もしかしたら、頑張って営業してきた新人感に同情してくれて、「そういえば採用もうまくいってないし話でも聞いてみるか」くらいに思ってくれていたのかもしれない。

引き継ぎをしてもらった会社には、新しい担当者として挨拶と近況の確認を、新規の会社には、サービスの提案をしにアポを取り付ける。最初は上司のムロさんがついてくれることになったので、ムロさんと一緒に、まずは引き継ぎ先を目指した。S駅に降りると、ムロさんは「ちょっとそこで煙草吸うわ」と言い、喫煙所で一服する。これまで時給のバイトしかしてこなかったせいか、「勤務中に一服する」という行為がとても新鮮に感じられ、ムロさんの様子を眺めながら「これが会社員ってやつなのかあ」としみじみ思った。訪問するN社は、どうやらニッチな業界でトップの会社らしい。アポイントには社長が現れ「新卒かね?」とわたしに訊いた。新卒ということにしておいたほうが、あとあと楽かもしれない。ムロさんが代わりに「先月入ったばかりでして」とフォローする。今あらためて振り返ってみると、一体なんの話をしていたのかよくわかっていなかった。不思議だらけの時間だった。挨拶なんて、三十秒で済んでしまうではないか。「新しく担当となったひらいと申します。よろしくお願いいたします」。いや、十秒である。営業とは、つくづく妙な仕事なのだ。話をうまく進めることが仕事の大部分を占めているなんて、テレビに出ている芸能人か、占い師くらいなんじゃないか。ムロさんはそれとなく相手の会社のことをいろいろ聞き出しつつ、最後は「あ、そろそろ終わるな」と感じさせる雰囲気を作り、気づいたらビルの外に出ていた。

営業のスキルとして、実はないと困るのが「雑談力」である。「雑談力」と言うとスキルっぽいが、ようは「雑談をするのが苦ではないこと」が重要なのだ。雑談は、わたしがもっとも苦手とする会話形式である。「苦手」というよりも、「嫌い」と言い切ったほうがいいかもしれない。友だちと話すときの会話は、雑談ではない。お互いが話したいことを話し、それについてリアクションをとったりとられたりすることが目的だからだ。だけど、雑談の目的は、たいてい「雑談という行為そのもの」ではない。雑談をすることで、なにか有意義なものを得ようとしている。もちろん、そうではない雑談も中にはあるのかもしれないが、少なくともビジネスの世界では、雑談に有益性を求めている場合が多い。そんな高度なことは、できないのだ。直接聞きたいことを聞かずに、関係ないことを話す中でポロッとこぼした一言を拾うなんて。野球で言えば、相手のピッチャーを揺さぶるために盗塁しようとしたり、バントの構えをしたりするということなのだろうが、わたしは打席に立ったら、バットを全力で振ることしかできない人間である。その点、雑談ができるムロさんはおそらく、前世が盗塁王、もしくはバント職人なのだろう。

ムロさんの横で、わたしはなにをしていたのかというと、まずは必要な営業資料をここぞというときに取り出す役目を持っていた。また、契約書もわたしが持っていたので、その場でムロさんがいい感じに話を進めてくれた際は、自分の手柄のように契約書を取り出した。もうひとつは、「ほほえみ」である。「ほほえみ」とは、ずばりムロさんの横でほほえむということだ。よけいなことを言って契約まで進められなくては困るし、なにか話して聞かれても、間違ったことを答えてしまうかもしれない。だから、とにかくほほえむことに全力を注ぐのである。自己紹介をしたら、あとはにこにことほほえんでおく。自分の手柄としてプラスになることはないが、マイナスになることもない。

入社して二か月が経ち、同期たちとの研修が行われることになった。久しぶりに会う同期たちの顔を見て、ほっとする。部内で気軽に話せる人はいまだにいないけれど、同期のメンバーたちはみなとても話しやすい。最初の研修後の飲み会でも「ひらめはそのままでいい」と励ましてくれる、心優しい面々である。今はどんなことしてるの？　とTに聞かれ、「上司の横でほほえみ地蔵になってるよ」と答えると、大ウケだった。ほほえんで、横に座るだけの、ほほえみ地蔵。ほんとうに地蔵ならご利益があるものの、わたしが横でほほえんでいたとして、なんの意味もない。徐々に、このままでは独り立ちできないかもしれない、という焦りがわいてきて、ようやく「ほほえみ地蔵」から「もごもご地蔵」へと変化を遂げていった。

社会人練習

社会人に擬態するためには、雑談以外にもさまざまなことを習得しなければならなかった。そのひとつが、「話し方」である。つい数日前、電車の中で中学生の女の子たちが隣の席で会話をしていて、「ああ、中学生のときはみんなこんな話し方だったなあ」と懐かしく思った。しかし、誰に教わったのか、いつのまにか大人になると誰もが「大人の話し方」をしている。こんなの、学校じゃ習ってない。男の子は思春期になって声変わりをするけれど、子どもが大人の話し方になるのはいつなのだろう。

電話が鳴っても、「はい、はい……。あ、そうなんですね。はい……」と「はい」「そうなんですね」しか言えない。なんだか、子どもが親の代わりに電話に出たときみたいなぎこちない受け答えになってしまう。こういうときは、「人を真似る」に限る。高校の頃、未経験で野球部に入ったときも、ノックを受けたり試合で守備をするときに、「なんて言ってるかわからない用語」が飛び交っており、カルチャーショックを受けつつ、まずは周りの真似をした。「サーコォーーーイ」とか「ゥエイッ」みたいな掛け声である。最後までどういう意味があるのか理解することはできなかったが、周囲から浮かない程度には、かなり忠実に真似できるようになった。

当時はコロナ前で、全員がオフィスに出社する時代だったので、他のメンバーが通話しているときの声は、意識しなくともダイレクトに耳へと入ってきていた。ふむふむ。どうやら、相槌には「はい」だけでなく「ええ、ええ」を使うようだ。「ええ、ええ」の方がなんだか玄人感が出るし、余裕のようなものも醸せそうである。さらに耳を澄ませると「さようでございますね」と言っている。ほう！さようでございますね、ですね。これは大人レベルが相当高い。「そうですね」よりも「さようでございますね」の方が真面目に聞いてそう。メモメモ。こうしてわたしの語彙メモに「ええ、ええ」と「さようでございますね」が加わり、電話のたびに使って、うまく言えるように練習を積み重ねていった。あれから六年の月日が流れたが、急に電話がかかってくると一時の練習の甲斐なく「はい、はい……」。あ、そうなんですね。はい」と相槌を打っている。

踏んだり蹴ったり

十月にチーム編成が変わったことで、Tちゃんが声をかけてくれるようになった。席の近いTちゃんは同い年の女の子だが、この会社はすでに二社目だ。営業成績もしっかり上げているけれどガツガツとした雰囲気がなく、いい意味で力が入りすぎていない、感じのいい子だった。やっと同じ部署で普通に話せる同僚ができた……。時間が合えばランチに誘ってくれ、入社して初めて会社の外でごはんを食べた。会社が入っているビルにもいくつか社員食堂があり、ちゃんとおいしいのだが、やはり社内という感覚が抜けず、落ち着かない。

Tちゃんが仕事の愚痴をさらっと口にしてくれるたび、「ああ、そう思ってたのは自分だけじゃなかったんだな」と安堵する。こうやって自分の気持ちを共有できる人が社内にひとりでもいると、全然違うなと思う。仕事は順風満帆とは言えなかったけれど、「戻りたくないね～」と言い合える仲間がいるだけで、なんとか頑張ろうという気持ちになれる。

ある日、わたしは残業していた。仕事ができず、もともと要領も悪いため、定時までにやるべきことを終わらせることが、なかなかできない。一方でTちゃんは、ほぼ毎日定時退社していた。仕事ができる人は、終わらせるのが早い。二十時を過ぎた頃、スマホに一通のショートメッセージが届く。Tちゃんからだった。「ひらいちゃん、まだオフィスにいる?」「もしいたら、〇〇の書類を印刷してわたしのデスクに置いておいてほしいんだ」「わたし、明日直行でオフィスに寄れなくて」。直行ということは、朝一のアポなのだろう。「わかった、印刷しておくね」と返事をし、一度自分の仕事を止め、頼まれた資料を探して印刷をしはじめた。プリンターから紙がビュンッと出てくるたび、もやもやとした気持ちが、うごめく。わたしが残業してなかったら、どうしたんだろう。他の人に頼んだだろうか。一度オフィスに寄ってから、営業先へ行っただろうか。しかし、こんなにもわたしのことを気にかけてくれているTちゃんである。これまでしてきてもらった恩と天秤にかけても、まだ釣り合わないくらいだ。ふいに浮かんだ感情を無理やり奥の方に押し込んで、印刷し終わった書類を彼女の机に置いた。まだまだ自分の仕事は、終わりそうにない。

入社して何か月か経ち、ムロさんと面談をすることになった。カレンダーに入っている会議室を目指し、扉を開ける。ムロさんは、明らかに機嫌が悪そうだ。実のところムロさんは感情の起伏が激しく、自分の機嫌で相手をコントロールするようなところがある人だった。「○○社の進捗は?」と聞かれ、その場の空気に押されて頭が空っぽになってしまい、声が出てこない。「なんで自分が持ってるお客さんなのに答えられない?」などと問い詰められ、よけいに言葉を失ってしまう。なにか言おうとしてうまく答えられずにいると、「仕事ナメてんのか!」という怒号とともに、机かなにかを蹴飛ばされた。この辺りのことは正確に覚えていないのだが、とにかく怒鳴り声となにかを蹴る音、もしくは叩く音が会議室に鳴り響いたことだけはうっすらと記憶している。先日のTちゃんのこともあり、(いったいなんなんだ……)と泣きっ面に蜂状態だった。蜂なんてもんじゃなく、気持ち的には「泣きっ面に鰐(ワニ)」くらいである。

また数週間後、Tちゃんからランチの誘いを受ける。結局あの後も何度か残業中に頼みごとをされることがあったが、直近はあまりにもいいように使われているように感じ、断ってしまっていた。「あの日はごめんね」と謝るとまったく気にしていない様子で、申し訳なさそうに「全然! むしろごめんね」と言われ、ほっとする。Tちゃんとは、話をするだけなら嫌な感じがないのだ。最近の仕事について、お互いに話しながらごはんを食べる。最近も直行の日が多いので、きっとTちゃんは忙しいのだろう。それなのにこうやってごはんに誘ってくれるなんて、ほんとうに優しい人だ。しかし、わたしは直行というものをしたことがない。先方からそんなに早い時間を指定されることはないし、午前だったとしても、必要な書類を持っていくために一度出勤する必要があるからだ。ふと気になって「明日も直行するんだっけ。朝早くて大変だね」と彼女に言うと、「えー、ほんとうに直行してるわけないじゃん。直行って言ってる日は朝寝てるよ」と笑われた。おいおい！　わたしが残業中に資料を印刷していたのも、すべてはTちゃんが翌日怠けるためのアシストだったってわけなのかい……？　それをあまりにもさらっと言うものだから、危うく聞き流しそうになった。

ようやく心を開いて話せる、と思っていた同僚に裏切られた気持ちでいっぱいになり、直属の上司には機嫌の良し悪しで態度をころころと変えられ、日に日に心がすり減っていく。ムロさんにTちゃんのことを報告すれば、もやもやの原因が改善するかもしれないが、それは親しくしてくれている彼女への裏切りになってしまうだろう。裏切られたからと言って、仕返ししていいわけではない。それに、仕事をサボっていても、同僚を裏でパシリにしていても、彼女は結果を出しているのだ。なんの成果も上げていないわたしよりは、会社にとってずっと必要な存在である。ムロさんには気軽に悩みを聞いてもらうのは難しいが、マネージャーのMさんになら、まだ聞いてもらいやすいのでは、と気づく。忙しそうなので相談するのが申し訳ないな、と感じていたけれど、部内で相談できるのはMさんしかいなかった。さっそくMさんへ仕事の相談ごとがあることを伝えると、快く面談の実施を提案してくれ、数日後に話を聞いてもらうことになった。

Mさんは、悪い人ではない。ゴールドジムに通い詰めていてとても体が大きかったけれど、物腰柔らかく、どんなことで悩んでいるのか、ていねいに話を聞いてくれる上司だ。なかなかお客さんとの契約ができないこと、すでに取引をしているお客さんのフォローの仕方について、まず相談する。ほんとうはムロさんの感情が昂っているときの面談の様子やTちゃんのことで悩んでいたけれど、そのことはまだ話さないほうがいい。解決に導いてくれるアドバイスが欲しかったのではなく、とにかくほかに信頼できそうな人を見つけたかったのだ。そうじゃなければ、いよいよ自分の居場所がなくなってしまう。

Mさんは「うん、うん」と優しく相槌を打ち、わたしが話し終わると、穏やかな口調で話しはじめた。「ひらめちゃん、宇宙の大きさって想像したことある?」。

もちろん、ある。ブラックホールはどんどん広がっていると言うし、地球の外側にもまた別の惑星がいくつもあるそうだし……。でも、宇宙？「俺もさ、仕事で全然うまくいかないなってひらめちゃんくらいの年齢のときに悩んだことがあったから、気持ちはわかるよ。でもさ、宇宙の大きさと比べてみると、自分の考えていることがちっぽけだって思えないかな？」。わたしの頭には、ふたつの漢字から成る、ひとつの熟語が浮かんでいた。「絶句」だった。いや、気持ちはありがたい。たしかに宇宙の大きさと比べたら自分なんてめちゃくちゃに小さいし、でっかい隕石が地球にぶつかってきたら、人類まるごと滅びるだろう。でも、そうじゃないのだ。悩みの大きさを宇宙と比べてもTちゃんのパシリから抜け出すことはできないし、ムロさんの機嫌をよくすることもできない。お客さんへのフォローが急にうまくなったり、契約がバシッと決まったりすることも、きっとない。万が一、宇宙と比べてすべてがどうでもよくなることがあるとしたら、それはわたしが宇宙飛行士になって、ロケットの窓から地球を眺めるときだろう。今のところ宇宙飛行士になる予定はない。最後の頼みの綱だったMさんとの面談で、わたしはすっかり会社の人たちに心を閉ざすようになってしまった。

血便、ふたたび

人生には、二度と会いたくない「ヤツ」がいる。歴代のパワハラ上司と、血便である。どちらがより会いたくないかというと、血便だ。わたしの場合、血便と下腹部奥の痛みがセットだったので、あの痛みとは二度と会いたくない、というのがいちばんの理由だ。そんな「ヤツ」に、なんとまた対面してしまった。二社目に入社してから、三か月が過ぎた頃だった。

再会はどこのトイレだったか忘れてしまったのだが、「はっ、これは……」とがっかりする気持ちと、安心する気持ちの両方が入り混じっていたような気がする。以前よりもカフェインを摂りすぎることはしていなかったのに、また同じ症状に出会うということは、なにかが行きすぎているとしか考えられない。わたしは、この仕事にまったく向いてなかった。月末が迫ってくると、営業成績を上げるため、なんとか求職者に入社の意思決定をしてもらうようキャリアアドバイザーへ働きかける同僚の様子が見受けられる。わたしたち営業は、企業側の営業を担当しているが、最終的には面接を受けに行った人が「この会社、入ります！」と言ってくれて初めて企業から手数料がもらえるのだ。そのためには、求職者を担当するキャリアアドバイザーとの連携が重要になってくる。しかし、その様子を見て、誰かの大事な人生の節目を操作しているのではないか、と感じるようになってしまっていた。実際には、転職という大事な節目だからこそ、内定をもらった求職者の人たちも、自分の意思で慎重に決めているはずである。転職エージェントを使ったわたしも、自分の意思でこの会社に入ったのだ。ただ、担当のSさんから「A社の選考が残ってますが、僕だったらB社に入りますね」と言われた一言が入社の後押しになっていなかったか、と自身に問うてみると、即座に否定することはできない。上司だったか、社内の誰かが「営業はゲームみたいなもんだから」と言っていたことも、心の奥にずっと引っかかっていた。

ヤツと再会しても、仕事を休むわけにはいかない。あと一か月で四半期の締めの時期がやってきて、この三か月間で成果を出さないと、かなりまずいのだ。担当している企業の二次面接へ進む人がいて、ちゃんとその様子を見届けなければ、という状況だった。しかし、次第に下腹部の痛みはドコドコと増していく。再び肛門科の病院を受診し、内視鏡カメラで検査をしてもらったものの、やはり原因はわからないままだった。最初は「いやだなあ、痛いなあ」くらいだったのが、立って歩くことすら難しいくらいの激痛へと変わっていく。デスクワークだけの仕事ならまだしも、営業職である。連日アポで外出の予定がすでに入ってしまっており、這ってでも行くしかなかった。いちばんひどい時期には徒歩数分程度の距離すら歩くのがしんどくなっていて、たった十数分の通勤の電車も立っていられず、空いている優先席を見つけて座るくらいだった。

月内の営業日が、片手で数えられるくらいの日数しか残っていなかったある日、担当企業の内定者が、最終の意思決定をされたことがわかった。つまり、初めて受注したのだ。受注して、心の底からほっとした。と同時に、自分自身に心の底から失望もしていた。ほっとしているのは、「これでもうしばらく上司に怒られない」という安堵感からきていたものだからだ。ほんとうは、担当している企業や求職者に対して「よかった」と思うべきなのに、わたしは自分のことしか考えられなくなっている。そのことが情けなくて、たまらなかった。

ムロさんには「○○社決まったってことは、初受注やん！」と喜ばれ、久しぶりに笑顔を向けられた。胸にざらっとしたものが当たったような感覚になる。わたしは全然うれしくなかった。夕方過ぎになると、ムロさんが窓際に立ち、急に大きい声で呼びかける。「今日うちのチームのひらいさんが、初受注しました！」。するど、わたしにもそちらへ来るように手招きをされる。その様子を見て、部内の人たちもぞろぞろと立ち上がり、目の前に列を成していく。いったい、これはなんだ。戸惑いながら様子を見守っていると、なぜかオフィスにいる部内全員のメンバーとハイタッチをすることになった。五十から百人ほどはいたと思う。まったく面識のない人から「おめでとう！」と笑顔でハイタッチされる。このときほど、一刻も早く終わってほしいと思ったハイタッチはない。

入社して二か月ほど経ったある日、営業先からオフィスへ戻ると、大きな窓ガラスに、目を見張るような美しい夕焼けが広がっていた。ブラインド越しでもわかるくらい、それはぞっとするほど美しかった。目線を外からオフィスの中へと移すと、誰もその光景には気にも留めていない様子で、みなデスクトップの画面を見つめている。こんなにたくさん人がいるのに、誰ひとり。オフィスの入口にひとり立ったまま、「会社、やめたいな」とちいさく、くっきりと、静かな感情が湧き起こる。「やめたい」と思うような瞬間は、これまで何度もあったはずだ。でも、ムロさんに怒鳴られても、Tちゃんに裏切られても「やめたい」とは思わなかった。こんなにきれいな夕焼けを誰も見ていない、誰とも共有できない会社で働き続けることが、わたしにとって、なによりも耐えられないことだった。ここに馴染めたら、きっといつかわたしも窓から見える景色に、心が動かなくなってしまう。なりたくない大人になるために、就職したわけではなかった。

ハイタッチをされている最中、あの日の夕焼けのことをふと思い出す。こんなにたくさん同じフロアで仕事をしている人がいるのにな、とよりいっそう虚しくなる。笑顔で「ありがとうございます」と言いながら、相手の掌に自分の掌を重ねる。全然うれしくない。全っ然、うれしくない。顔は笑っているのに、ずっと泣きそうだった。入社して以来初めて、わたしは会社に貢献した。

はじめての

休職

ダチョウか、タカか、ペンギンか

無事、営業の目標金額を達成し、安心感に包まれながら年末年始休暇を迎える。おそらく全社会人が感じていることだと思うが、なぜ仕事をしている一週間はあんなに長く感じるのに、休みの一週間はこんなにもあっという間なのだろう。体調が悪くてまったく新年のめでたさはないけれど、「仕事に行かなくていい期間」という意味では誰よりもこの時期のことをめでたく感じている自信がある。出血しつづけているであろう大腸の痛みも、ほぼ横になって過ごしているせいか、比較的落ち着いていた。体調が回復してくるのはいいことだが、調子が万全になると、なんとしてでも会社に行かなければならない。それはそれで複雑な気持ちだった。

新年の仕事がはじまり、絶望感を抱えながら山手線に乗り込む。いつもの車内より、心なしか空いている。もっと長く休んでいる会社もあるんだろうな。ああ、行きたくないなあ。上司からだったか同僚だったか、はたまた研修のときの講師の人だったか、「新聞は二紙以上チェックしろ」と言われて以来、電車ではアプリで日経新聞を読んでいる。しかし、日暮里駅から東京駅の乗車時間は十分ちょっとなので、メールのチェックもしていると、二面くらいしか目で追うことができない。会社に着いて覚えているのは、その日の天気くらいだった。東京駅に到着し、駅のホームからエスカレーターを下って改札を目指す。駅構内にいる会社員らしき人たちはみな、歩くスピードが速い。ぐんぐんと自分の後ろにいる人に抜かされ、時折遠慮なくボフンとぶつかられる。東京駅で自分だけのろのろと歩いていると、会社の中で自分だけ馴染めない様子と同じだな、と思う。自分と同じ時期に入った同期に、どんどん置いていかれる。自分よりも少し後に入った同僚に、どんどん抜かされる。必死に早歩きしてみても、抜かされた人たちの姿は、もう見えない。

年末年始には、お世話になった営業先へカレンダーを配って挨拶する、という風習がある。年末は不調もあってあまり挨拶回りができていなかったので、仕事がはじまってからの一週間は、毎日会社のカレンダーを配り歩くことにした。本音を言うと、なるべくオフィスにいたくなかった。それに、カレンダーは担当の人に会うための、最強アイテムだと思ったのだ。目に見える「もの」があるというのは、とても心強い。どこかの会社の社名が入ったカレンダーなんて、正直使いづらい。渡してすぐさま捨てられる可能性だってある。でも、「カレンダーを渡すために会いに来た」というのは、理由としてわかりやすいし、渡したら終わりなので、相手にも「この人いったい、わたしの時間をどのくらいとるつもりなんだろう」と不安にさせることがない。アポはわざわざとっていないので担当者がいない可能性もあるが、いなくても他の人に渡してもらえば「あ、来てくれたんだな」と担当者に一瞬でもポジティブな印象を与えられるかもしれない。しかし、カレンダー配りすらも、だんだん難しくなってきた。出勤をするようになると、再び下腹部の痛みが強まっていき、立っているだけでズキズキとするのだ。年末に病院で処方してもらった薬もまったく効かず、なるべく立ったり歩いたりする時間を減らすしかなかった。

大腸出血の症状が出はじめて少し経った頃、社内カウンセラーの人へ相談するようになっていた。大きい会社だったので、こういった心のケアに関してのサポート体制がしっかりととられていたことは、ありがたかったなと思う。カウンセラーの方は、五十、六十代のふわふわとした癖っ毛のミディアムヘアーがよく似合っている女性だった。線が細く小柄だが、なにを言ってもおおきな毛布でふわっと包み込んでくれるような安心感をまとっている。普段同じフロアで働いている人たちよりも、話すスピードがかなりゆっくりなので、違う会社の人と話しているみたいだ。何度かの面談で、「自分にはここでの仕事が向いていないのかもしれません」と打ち明ける。すると、彼女はこんな言葉をかけてくれた。

「水泳と陸上の世界があるでしょう。もし水泳が得意な選手が、たまたま自分の得意じゃない陸上競技の世界に行ってしまったら、それはつらいかもしれないけれど、そういうことってあるのよね。でもね、わざわざ苦手なことを頑張らなくてもいいんですよ」

ほんとうに、その通りだ。飛ぶのが得意なタカもいれば、泳ぎが得意で飛べないペンギンもいる。走ったら時速七十キロのダチョウだって、水の中ではかなづちかもしれない（と思いきや、ダチョウはなんと泳ぎも上手いらしい！　なんでもできる人もたまにいるんだよな）。陸と海の、どちらが自分の肌に合っている環境かはわからないけれど、少なくともこの場所で頑張り続けて、トップになることはできないだろう。

年が明け出勤するようになってから、一週間か十日ほどが過ぎた朝、起き上がれないことに気づいた。胃と下腹部のあたりの痛みと気持ち悪さがひどい。横になっていても一向に良くなる気配がなく、「これは電車に乗るのも無理だな」と思い、今日は休ませてください、と上司にメールで連絡をした。これまでも通院などで早退はしていたが、休むのは初めてだった。病院へ行こうにも、とにかく起き上がれない。明日にはマシになるだろう、とシャワーだけ浴びて、そのまま再び眠りについた。

結局、何日経っても朝起きることができるようにならなかった。連続で何日か休むと自動的に休職させる仕組みになっているらしく、しばらく会社を休むことになる。社内カウンセラーの人に以前から相談していたこともあり、一時的な休暇では回復しないと判断されたようだった。以前、カウンセラーの方に紹介していただいた心療内科に受診をしたいと話すと「早い方がいい」と、無理やり枠を作って通常より早めに初診をしてくれることが決まる。いざ心療内科へかかりたいと思っても、一か月先まで予約が埋まっていて、なかなか受診できないケースが多い。そのときの先生の対応は、ほんとうにありがたかった。

まず最初に、三十分から一時間ほど、臨床心理士らしき方に話を聞いてもらう。会社でつらかったこと、働きづらいなと思っていた部分など。その後に、医師の先生のいる診療室へ呼ばれ、今後のことについて話す。先生は、五十代くらいの女性だった。『魔女の宅急便』に出てくる「おソノさん」のように声が大きく、元気な人である。保険証からどこの会社に所属しているかを察し、おソノ先生は「お宅の会社からうちに通っている人がたくさんいるのよ」と教えてくれた。やっぱりそうなのか。

「どうする？　休みたい？」

「休みたいです」

「そうね。診断書書くから、休んじゃったほうがいいわ。内視鏡の検査してもわからないいんじゃ、ストレスだろうから」

　おソノ先生はそう言ったあとで「無理して行かなくていいのよ」と付け加えながら、カルテに情報を書き込んでいった。


　そういえば在籍中、こんな話を耳にしたことがあった。結果もしっかり出し、ひょうひょうと働いているように見えた同僚が、あるときから会社に来なくなったのだと。営業成績がよかったから悩んでいるように見えなかったそうだ。わたしは、強いストレスを受けると、真っ先に体調を崩すタイプである。一方で、同じくらいのストレスを感じていても、身体が丈夫であるがゆえに、心から不調をきたしていく人もいるらしい。どちらがいいというわけではないが、体調の変化があった方が、周りにも伝えやすいし、休みやすい。もしあのとき心の不調が先に深刻化していたら、連絡なしに会社を離れる判断をしていたかもしれない。本来、休むのはまったく悪いことじゃないのだ。自分の心と身体を守れるのは、自分しかいない。

川と裁判傍聴の日々

朝、なかなか起きられない日が続き、最初の一か月はほとんど寝て過ごしていた。すると、今度は寝たいときにだんだん眠れなくなってくる。「今日は一日好きなことをしていいですよ」と言われたら、一日寝ていたいくらい寝るのが好きなわたしにとって、「眠れない」という状態に陥った経験はほとんどなく、どうしたものかとかなり悩んだ。まずは、お風呂に入ったり、あったかいお茶や白湯を飲んだりしてみることにした。なんとなくリラックスしてくる。しかし、電気を消して布団にもぐってみても、ぱちっと目が冴えてしまっている。だめだ。羊を数えるという原始的な手法も取り入れてみたが、途中で羊が柵を脱走したり、ヤギが現れて「アタシが羊よ！」などと割り込んできたり、柵をうまく飛び越えられない落ちこぼれの羊によって、待機している羊たちの列が詰まったりしてしまう。まるで、自分みたいだ。いつのまにか落ちこぼれの羊に感情移入し、考えないようにしていた仕事のつらさを思い出し、よけいに眠れなくなるのだった。

そんなときに救われたのが、星野源さんのラジオと渡辺直美ちゃんのYouTubeだ。星野源のオールナイトニッポンがオンエアされるのは、ちょうど眠れなくてもやもやしている時間帯だったので、毎週火曜日の夜には、すぐに寝付けないと諦めて、暗がりの部屋でラジオを聴いていた。どうしようもない下ネタでげらげらと笑う源さんと、リスナーの方のコメントを聴いていると、その時間だけは仕事のことを考えずにいられる。直美ちゃんのYouTubeは、基本的に直美ちゃんがひとりで三、四時間話し続けるものなのだが、ずっとげらげら笑っていられるくらいおもしろいのだ。お笑い独特のいじりや誰かを落としてウケをとるやり方はあまり得意ではないけれど、直美ちゃんは誰も傷つけずに、三、四時間ぶっ通しで笑わせてくれる。「考える余裕はあるけれど、落ち込みやすい状態」にいるときは、自分の好きな人たちにたくさん助けられた。

二週間に一回の通院のときだけは、なんとか外出をする。今日は三回目の通院だ。一か月前までは、会社へ行くために乗っていた山手線。病院へ向かうために、通勤するときとは逆回りの電車に乗る。もしかしたら、同僚のアポ先に同行するために上司が同じ電車に乗っているのではないか、と思うと気が気でなかったが、一度も会うことはなかった。病院へ着き、いつものように診察室へ呼ばれる。先日、カウンセラーの先生と話したことについて、おソノ先生からこう言われた。

「もしかしたらADHDの傾向があるかもしれないわね」

そんな気は、していたのだ。普通だったら、一人前になってから営業事務をサポートしてくれるアシスタントの方がつくのだが、わたしは仕事ができなさすぎて、誰よりも早くアシスタントの方をつけてもらっていた。こなさなければならないタスクが山積みの中、毎日のように総務の人から締切があるアンケートの連絡や催促が届き、優先順位がうまくつけられない。毎日、やらなければいけないことがどのくらいあるのか自分でもよくわからない状態だった。面接をしてもらう企業へ前日のフォローの連絡を入れても「えっ、○○さんの面接って明後日ですよね？」と面接日を間違えてしまい、混乱を招いてしまうことも多々あった。思い出しただけでも胃が痛くなる。

仕事の悩みを打ち明けた際に、上司からこんなふうに言われたことがあった。「でも、ひらめちゃんはＡＤＨＤじゃないと思うんだよね。正直、うちの会社にもいるじゃん。ひらめちゃんはそういうのじゃないだろうからさ」。ＡＤＨＤの人と自分たちに一線を引くような、含みのある言葉だった。これまでも、たくさんの部下を見てきた上司がそう言うのであれば、マルチタスクをこなせないのは、単に「自分が怠惰なせい」なのだろう。在籍中は、そう考えるしかなかった。だから、ＡＤＨＤの可能性があるとおソノ先生から聞き、ようやく胸のつっかえがとれた感覚になった。薬を飲んでみるかと勧められ、薬を処方してもらうことになった。夜眠れないことを先生に相談すると、「とにかく頑張って日中起きて、出かけたりしてみて！」とでかい声で励まされる。ついでに近所のおすすめのパン屋さんを教えてくれ、その日の診察は終わった。

休職中に困ることのひとつは、お金がないことである。またお金か……。せっかく就職できたのに、またお金のことを考えなければならないのが、心底いやだった。でも、お金がないと生活できないので仕方ない。貯金がまったくできないわたしは、休職中の傷病手当で生活費をまかなうことにした。しかし、もらっていた給与の三分の二から社会保険や税金が引かれ、さらに家賃と通院費、薬代まで引くと、ほとんど手元に残らない。そうすると、日中起きてなにかやろうにも、そのお金がない。どうしよう。たしかに出かけて歩き回っていたら、身体が疲れて夜自然に眠れることはわかっている。お金がなくても出かけられるところって、どこだろうか。図書館。図書館は、「本を返さなければならない」という緊張感があるので、あまり気乗りしないな。あ、そうだ！　ずっと行ってみたい場所があったではないか。

翌日、頑張って朝に起き、山手線へ乗って有楽町で降りる。そこから日比谷公園の中を抜けて、霞が関方面まで歩くと、目的地が現れた。東京高等裁判所だ。大学に入るまでは検察官を志していたくせに、いざ法学部へ入ると「法曹の道に進むのはなんか違うな……」となり、裁判の傍聴を経験しないまま卒業をしてしまっていた。就職してからも裁判の傍聴へ行ってみたいという気持ちはぼんやりと抱えていたが、なにせ裁判は平日の日中しか行われていない。裁判の傍聴は、休職期間にすることとしてうってつけなのだ。検察官を目指さなかったことを心の奥底ではまだ少し後悔していて、実際にどんな仕事をしているのかを自分の目で見てみたい、という気持ちもあった。裁判の傍聴のプロのような人のブログを事前に読むと、「民事より刑事裁判の方が初心者におすすめ」と書かれている。刑事裁判が行われる法廷をチェックして、開場時間に向かう。一日に三つほどの裁判を傍聴してみたが、平日の日中にもかかわらず、どの法廷にも意外と傍聴者がいて驚く。また、検察官の人たちの様子はというと、法廷の仕事しか見ていないのでなんとも言えないが、とてもわたしには向いていない仕事だろうな、と早々に感じた。諦めてよかった。裁判所はものものしい雰囲気だが、手荷物検査を終えれば、意外と開かれた場所だなと思う。地下には食堂があり、全体的にお手頃な価格だ。わたしはそれすら食べられないくらいの金欠だったので断念したが、日比谷や霞が関で安価なランチを食べるための裏技としていつか役に立ちそうなので、心にメモをしておいた。裁判の傍聴を終えると、また日比谷公園まで戻る。平日の日比谷公園は、落ち着いていて気持ちがいい。一度は読み終えた小説をベンチで読み、日が暮れるまで過ごした。

裁判の傍聴は法律の勉強になるしおもしろい反面、裁判の内容によってはちょっと気持ちを引きずられる部分もあるし、交通費がかかるので、毎日行けそうにはない。もうちょっと気軽に出かけられる場所はないだろうか。Google Map で家の周辺を見てみると、歩いて行ける範囲に川があった。どうやら荒川のようだ。地図を開きながら、川の方まで歩いてみることにした。これは田舎出身あるあるだが、徒歩五分以上になるなら「車で行く距離」だと思っている。でも、東京に出てからしばらくは歩くことを極端に嫌っていた。でも、東京の街はすごい。ちょっと歩くだけで、街が変わる。渋谷と原宿が歩いて行けると知ったときは衝撃だったし、特徴のある街と街との間にたいした距離がないのが東京なのだ。数多くのミュージシャンが、東京の曲を作りたくなるのもわかる。

家の近くなのに、いつもとは違う道へ一歩入るだけで、全然知らない街のようだ。ずんずん進んでいくと、おおきな川が現れた。川だ！　何回見ても、川はおもしろい。地面の上に建物がぼんぼん立っている街の中で、急に水が流れている。川という存在を知っていても、なんだか笑ってしまう。川沿いの土手にあるベンチを見つけ、少しだけ本を読み、きりのいいところでまた歩き出す。あてもなく歩き続けると、もう少し先まで行けば上野にたどり着きそうだとわかる。日暮里から上野って、歩けるのか！　地元の感覚だと、一駅歩こうとすれば、軽く一、二時間はかかるので、たいそうぎょっとした。たぶん、三十分くらいしか歩いていない。無料で有名な町まで行けるなんて、やっぱり東京はすごい。しかし、上野に着くころにはめずらしくたくさん歩いたのでくたくたになっており、帰りの三十分はものすごく長く感じた。

休職をしてから、四か月が経っていた。お金はないが、かなり体調はよくなってきている。昼夜逆転だった生活も規則正しいサイクルに戻せるようになっており、自分でもずいぶんと健康的な状態になっているなと思えるほどだった。しかし、お金がなくて健康だと、とにかく暇である。暇はつらい。裁判の傍聴と散歩にも飽きていて、だんだん仕事がしたくてたまらなくなる。働かずにごろごろしていたいと思っていたけれど、それは「お金があれば」の話なのだ。また大手に転職すると、マルチタスクを抱えることになりそうなので、今度はベンチャー企業の求人を探すことにした。

探すとき、意識したのは「企業に直接応募する」ことである。はじめての就職活動のときに、エージェント経由で面接をして、疲弊する部分が少なからずあったからだ。自己応募であれば、企業側にとっても採用コストが抑えられるのでうれしいはず、とも思った。

アパレルの倉庫では働いていたものの、もう少し業界の仕組みを理解したいという思いから、アパレルのベンチャー企業を探すことにした。いくつかの会社がヒットするが、やはり経験者を募集する求人がほとんどである。ただ一社、「オープンポジション」という謎の枠を用意している企業があった。どうやら、自分に当てはまる職種の求人がなくても、会社に興味があれば面談をしてくれるという枠のようだ。そのサイトは、受けたい求人に「興味がある」ボタンを押すと、企業から連絡がくる仕組みになっている。連絡がくるかどうかは、企業の担当者次第。くるといいなあ、と思いながらボタンを押した。

数日後、面談をしましょうとメッセージが届く。やった！　希望日程を送り、面談の日取りが決まる。オフィスの場所は、渋谷だった。面談当日になり、渋谷駅から原宿方面へと歩く。少し早めに指定されたビルにたどり着いた。他の会社に面接で来るのは、一年ぶりだ。今回はへたに周辺の散策をして期待を膨らませすぎないよう、ビルのすぐ下で約束の時間になるまで時間をつぶした。時間になり、オフィスの入口前にあるタブレットで自分の情報を入れる。電話ではなくタブレットなのが、ベンチャー企業っぽい。ほどなくして、ものすごく背の高い男性が現れる。顔を見てみると、社長だった。事前に会社のインタビューを見ていたので、覚えていたのだ。いきなり社長面接なんて、聞いていない。どういうことだろう。ベンチャーだから? パニックになりながら、会議室に通される。ばりばりの経営者っぽい雰囲気だが、面接らしさはまったくなく、どうやら今回はカジュアル面談というやつだった。最初に会社のサービスの話を聞き、わたしについていくつか質問をされる。「せっかくなら、オフィス見ていきますか?」と言ってくれ、実際にメンバーが働いているフロアの見学もさせてもらった。エージェント経由の面接のときと、まったく違う。フランクに会話したり、働く場所を見せてもらったりすると、実際にこの会社で働くイメージがしやすい。みんな「カジュアル面談」ってやつにすればいいのに。これでおしまいかと思いきや「ひらいさん、このあとって時間ありますか?」と社長に聞かれる。休職している身なので、時間は有り余っている。「あります」と答えると、「もうひとり話してもらいたい人がいるんですけど、いいですか？」とのことだった。

少し待ったのち、別の男性が現れる。肩まで届くくらいの長い髪に、Tシャツに短パンという出で立ち。このままサーフィンしに行けそうである。これまで営業担当しかいないオフィスで働いていたので、「社会人でもこの恰好で働ける会社なんだ！」と感動する。Tシャツ短パンのMさんとオフィスを出て、近くのカフェに入る。会社の会議室とかではない？　とそのゆるい感じにも驚く。「ひらいさん、なに頼みます？」と聞かれたが、全然メニューを見ていなかった。慌てて「クリームソーダでお願いします」と答える。面談してもらうのに、クリームソーダではなかった！　と後悔したときには、Mさんがもうオーダーを店員さんに伝えていた。こういうとき、大人はアイスコーヒーとかを頼むものなのだ。うっかりしていて、つい飲んでみたいものを頼んでしまった。マイナス一点。クリームソーダが到着し、Mさんにこれまでの会社のことや、アパレルでやりたいことを聞かれ、しどろもどろになりながら答える。こんな場での面接は想定していなかったので、ついストローでグラスの中をぐるぐるとかき混ぜてしまう。するとMさんに、「クリームソーダもこもこになってるじゃん！」と笑われる。アイスがメロンソーダに溶け込んで、クリームソーダが、もこもこになっていた。だめだ、また変なことをしてしまった……。これもきっとマイナス一点である。Mさんとの面談は雑談のような会話をしているうちに終了し、別れ際思い出したように「また担当者から連絡します！」と軽やかな口調で言い、Mさんはオフィスへ戻っていった。

三社目

web

マーケティング

おでんを食べながら働く

サーファーのようなMさんとの面接後、役員面接を経て無事採用となった。ようやく仕事復帰である。正社員ではアパレルの経験がない、ということでわたしは「社会人インターン」という枠で採用された。たしか時給制で、勤務時間に応じて給与が支払われるというものだった。前職よりも収入はがくっと落ちたが、お金よりも働く環境の方が大事だと、身に染みていたので納得していた。

わたしが配属されたのは、Ｗｅｂマーケティングの部署だ。三社目の会社は、オーダースーツをオンラインで購入できるサービスを展開していた。その会社の中で、わたしはＳＮＳやＬＩＮＥ@の運用をしたり、オンラインで購入された方がどのような経路で購入に至ったかを分析し、分析結果から仮説を立てて、またSNSの配信をし、改善していくということをしていた。

びっくりしたのが、合う仕事と合わない仕事はつらさが全然違う、ということである。ADHDの疑いがあり最初は病院で薬を処方してもらっていたものの、薬の副作用がひどく、結局服用をやめてしまっていた。だから仕事がまたうまくやれるのか、マルチタスクをこなせるか、という不安は解消できていないまま転職をしていた。ところが、前の会社よりも「たのしい」と思う余裕すらある。出社時間も十時までと遅めだし、服装も自由。そういったベンチャーならではの社風が、自分にとってどれほど必要なことだったのか、転職してからようやく気づいた。好きなときに、好きなものを食べられることもありがたかった。前職でもお昼の時間は自由と言えば自由だったが、アポイントや会議の時間から逆算すると、だいたいいつも同じ時間になりがちだったのだ。でも、この会社ではほんとうに自由だった。お昼だけでなく、気分転換にと途中でコンビニへ行ったり、スタバに行ったりすることもできる。わたしはおでんと魚肉ソーセージが大好きなので、十五時から十六時ごろに小腹が空くと、コンビニでおでんのはんぺん、もしくは魚肉ソーセージを買って、デスクでもしゃもしゃと食べる。仕事中に、おでんを食べても怒られない！　こんなに最高の労働環境があっていいのだろうか。転職して、心から「あー、よかった！」と思った。

「圧倒的成長」をしたくない

最高の労働環境を提供してもらっているが、社風がとても合っているかというと、少し怪しい。前職もベンチャーのような会社で、「圧倒的成長！」「圧倒的顧客価値！」というノリでまったくついていけなかったのに、ここは本場のベンチャーなのだ。「アグリー」や「ローンチ」など、息を吸うような自然さで横文字が飛び交う（覚えている言葉がこのふたつしか出てこないが、常用されるものがほんとうにいっぱいあった）。また、男子の部活ノリのようなところがけっこうあり、「ちょっとついていけないかも」と感じることも多々あった。

さらに、前職と違ったのは、一緒に働くインターン生の存在だ。今をときめくスタートアップでインターンしたい、と考えるのは、有名企業の就職先が決まっている、もしくは決まりそうな大学四年生が多いようで、授業もほとんどない彼ら彼女らとは多くの時間と仕事をともにすることになった。その中のひとりに、わたしはなぜかめちゃくちゃ嫌われていた。嫌われていた、というかなめられていたと言った方が正しいかもしれない。きのこ型の髪をした背の高い慶應生で、横文字を使いたがるタイプの男だった。普段接するときの態度はあからさまではなかったが、わたしがいないときに、同期の社会人インターンの女の子にわたしの悪口を言っていたらしい。陰湿なやつだ。直接言ってくれればいいのに。でも、いざ本人を目の前にすると、へらへらしてしまうのがわたしの悪い癖である。なめられても仕方がない。

また、ベンチャーに限らないことかもしれないが、「将来どうなりたいか」「成長するにはどうしたらいいか」ということをしきりに問われた。キャリアプランはどう考えているのか、と言われても、仕事で最低限のお金を得ながら、なるべくごろごろ過ごしたいとしか思っていない。そんなことを正直に言ったら怒られるのでさすがに言わなかったが、やりたいことなんてなかった。「成長」という言葉もよくわからなくて、前職でもやたらと成長を求められる機会が多かったが、会社はいったい、なにを期待しているのだろう。わたしはわたし以外の人間にはなれないし、できないことを無理にやってみても、人より時間がかかって足を引っ張るだけである。頑張らなくていいことを、無理して頑張る必要はないのではないか。大人になったわたしは、成長しない。苦手なことを乗り越えたとしても、それは「克服」なのであって、「成長」ではないのだ。

……ということを考えているうち、だんだん成長を求められることに、嫌気がさしてしまった。もちろんお給料をもらっている以上、会社にできる限り貢献したいと思っているが、それならできる限り成長を求められない立場でいたいのだ。ちょっと会社に求められることが自分に合っていないな、と感じている頃に、詳細は書けないが社内で少し大きな出来事が立て続けに起こった。わたし自身に直接的な影響があるわけではなかったけれど、そのことを前向きに受け止められるほど、会社に対する気持ちが残っていなかったのだろう。その出来事を機に、だんだん経営方針に対して不信感が募ってしまい、入社して半年で退職の意向を伝えた。

四社目

書店スタッフ

滑り込み転職

会社の上司に「辞めます」とは言ったものの、その先のことは何も決まっていなかった。転職エージェントの会社で働いていた経験から、転職活動をはじめて内定が出るのは早くて二、三か月後くらいだということを業界知識として知っていても、いざ自分で仕事を辞めようと考えると、そんな常識はスポンと抜け落ちてしまう。そのときは「場」の運営に興味を持ちはじめていた時期だったので、正社員ではなくアルバイトでも、そういった求人がないか探しはじめた。退職まで、残り二週間。と、ある日、閉店した書店の跡地に、新たな書店ができるというプレスリリースを目にする。閉店したお店は、出版社のアルバイト時代の営業先だったので、個人的にも思い入れのある場所だった。新しくオープンするということは、求人を出しているのではないか。検索すると、やはりオープニングスタッフを募集している。すぐにその場でエントリーをすると、数日後に面接の連絡が届いた。後日、在籍中の会社の有給を使って指定された池袋のオフィスを訪ねると、柔和な雰囲気の、背の高い男性が迎え入れてくれた。アルバイト雇用だからか、いくつかの質問に対し受け答えをしているうち、面接は終了した。何日も経たないうちに、採用の連絡をもらう。三社目の会社を退職する一週間前だった。

書店とは言っても、いわゆる一般的な書店とは違う。入口で入場料を払うと、一日滞在できるという仕組みだ。喫茶メニューも提供しており、それらの仕込みはスタッフが行う。わたしたちアルバイトは、本の発注や棚の整理、レジ打ちといった書店としての業務と、飲食の業務を任された。しかし、いきなりこの通りに作ってね、と言われてもなかなか難しい。オープン前から入社することができた数人は、レシピ監修者のもと、何度か試作を作り、オープン初日に備えた。

閉店した書店の跡地に今までにない形態の書店がオープンしたということで、

注目度もかなり高かったのだと思う。開店して一か月は、冗談ではなくほんとうに目が回る忙しさだった。視界が右、下、左、上、とずっと移動している状態である。特に喫茶の裏側は大混乱を極めており、途中で自分がなにをやっているかわからなくなることが何度もあった。家に帰り、疲れをとるため湯船につかると、寝落ちしかけることが何度も続き、そのうちの数回は溺れかけた。それでもなんとか最初の目まぐるしさを乗り越えられたのは、みな同じ状況だったからだと思う。先輩もいない。マニュアルもない。とにかく一日、一日をこなすしかなかった。まずはみんなが喫茶メニューを作れるようになることが先決だったので、入社してしばらくはずっとフードの仕込みと提供をしていた。本屋に入ったはずなのに、なぜか毎日のようにエプロンをつけ、冷蔵庫を開けたり閉めたり、フライパンを振ったり洗ったり。本のことはなにもわからないまま、ごはんの盛り付けばかりが上達していく。数週間前までのデスクでのほほんと魚肉ソーセージを食べていた生活からは、想像できない未来にいた。

手取り十五万円クライシス

ときどき「転職＝年収を上げる手段」と言われることがある。転職することで年収を上げていかないと生涯年収がなんたら、みたいなことをこれまで何度か耳にしてきた。お米の匂いをかいで空腹をしのいだ経験があるので、人生において お金がいかに大事なのかは、身に染みて理解している。お金はたくさんあるに越したことはない。でも、人生の大部分を占める仕事を、お金のために選ぶのは、なんだか違うと思うのだ。納得いかないことやみじめな気持ちになるようなことをやらなくてはいけないとしたら、そんなことに人生の大部分の時間を費やすことの方がもったいない。お金を得る手段はたくさんあるけれど、失った時間を取り戻す方法はひとつもない。だから、キャリアが積み上がらなくても、収入が減っても、辞めたくなったら辞める。これが転職においてのわたしの譲れないポイントである。

そうやって転職をしていると、どうなるか。ふりだしに戻る、ということが起こる。お金がないとつらいな、と思って就職したはずなのに、なぜかまたアルバイトで働きながら、ぎりぎりの生活を送るようになっていた。仕事は、たのしい。本が好きだし、一緒に働く人たちのことも好きだ。だけど、お金がない。いわゆる書店のアルバイトとして見たら、時給は悪くなかった。ただ、倉庫のバイト時代と違うのは、二社目に就職したときに借りたマンションに住んでいたため、家賃が六万円から八万円になり、支出に占める家賃の割合が増えていたことだ。税金が引かれる前の手取りが、十五万円。そこから家賃や税金、光熱費の支払いなどをすると、ほんの少ししか残らない。

起きている間は、ずっと食費をいかに削るかということばかり考えていた。お昼はたまに廃棄が出るので、それを食べてなんとか乗り切れることもあったが、朝と夜はそうもいかない。一日二食で済ませられたらいちばんいいのだが、残念ながらそれはできなかった。わたしは食べることへの執着心がかなり強かったからだ。一日に三回しかない食事のチャンス。次の食事の時間に、なにを食べるか。お米と麺のどちらを食べたら後悔しないか。これでお腹いっぱいになるのか。人生であと何回ごはんを食べられるのか。お金のことを考える時間以外は、ほぼすべて食べることについて考えていると言ってもいい。食べるものはなんでもいいけれど、食べないでいると、空腹でいらいらしてしまい、なにもかもが嫌になってしまう。

特に朝は、寝ている時間と合わせると、空腹でいる時間が長い。ただ、朝が弱いので、朝食をゆっくりとる時間がない。そんなときにうってつけなのが、ビスコだ。職場の最寄りの駅構内にちいさなローソンがあり、そこで四十円のビスコが売られていた。袋の上のぎざぎざをピッと引っ張ると、五枚のビスコが袋の中にみちっと入っている。満員電車の中のようにぴったりとビスコ同士が縦に並んでいる様子を眺めていると、「四十円でこんなにいっぱい食べられるんだ」とうれしい気持ちで満たされていく。それをひとつひとつ大事に食べながら徒歩一分の職場へ向かうのが習慣になっていた。数週間後、母に新しい仕事はどうかと訊かれ、朝ビスコを食べてると話すと「食費を削るなんて！」と怒られた。もっともだった。

ここからは少し余談になるが、この先何度か登場する夫ののぞむくんと出会ったのはこの書店員時代だ。経緯を説明すると長くなるのでざっくり言うと、共通の知人を通じて知り合った。当時わたしは別の人と付き合っていたのだが、付き合ってまもなくお金を貸してほしいと言われており、交際一か月目にしてすっかり心が冷めきっていた。さらに三週間後、ふと家に見覚えのない幅の丸められたレシートが落ちていることに気づく。広げてみると消費者金融に借入をした後の明細だった。人には人の事情がある。消費者金融でお金を借りることを一方的に否定するつもりはない。しかし、わたしには「親からお金を借りている」と話していたのだ。「結婚を前提に付き合ってほしい」と言われているのに、嘘をつかれていることを知って、げんなりしてしまった。

そんな時期にのぞむくんと知り合い、会って数回で「好きだ！　付き合おう！」と言われたものの、しばらくは誰とも付き合う気になれなかった。人と向き合うには忍耐力がいる。仕事は辞めてしまえば終わりにできるけど、人間関係はそう単純ではない。しかし、全財産が数百円なのに最寄駅までついてきてしまったり、懲りずに何度も「付き合おう！」と連絡してくる破天荒さにびっくりしてしまい、「あの人いったいなんなんだ」とかえって興味が湧くようになった。SNSの投稿から、彼が書いている文章を見つける。いくつか読んでいくうちに、いつのまにか「文章ものすごくうまいな」と感激してしまう。ひとつの記事を読み終えたとき、あれ？　と思う。これ、読んだことある気がするな。思い返してみると、半年ほど前に偶然読んでおり、そのとき「いったいどんな人なんだろう。会ってみたいなあ」と思っていた文章だった。まさか、ほんとうに会うとは。

数か月後、結局付き合っている彼とは別れ、のぞむくんと付き合うことになった。電話で別れ話をしていたため、あらためて会って話そうと言われ、バイトの休憩時間に、近くのスターバックスで待ち合わせをする。こういう日に限って忙しく、店長から「ごめん、休憩五分後でもいい？」と相談される。まずい、待ち合わせの時間に遅刻だ。少し遅れて外へ出る。店内で仕事をしていると外の様子がわからないが、五月が終わろうとしている頃で、日中は少し汗ばむくらいの気温になっていた。肌に当たる風は初夏らしくからっとしていて、心地いい。スターバックスへ到着すると、彼はすでに飲み物を持って窓際の席に座っていた。彼には「別に好きな人ができた」と伝えている。消費者金融の借入のことはわたしが知っていると思わないだろうし、なんだかプライドを傷つけてしまう気がしたので、お金のことはなにも言わないでおいたのだった。なにを発しても間違いになりそうな重苦しい空気で、彼は「特に話すことがないんだよね」と呟いた後、続けてこう言った。「しいて言えば、自分がしあわせになるために他の人を傷つけることもあるってことを、知ってほしい」。わたしは、そのあとなんて返したんだろう。言われた言葉ははっきりと覚えているのに、自分がどんな表情でどんな言葉を返したのか、そこだけがすこんと抜けている。

解散後、駆け足でコンビニに寄り、菓子パンを買って本屋へ帰る。バックヤードで、さっき買った菓子パンの袋を開ける。休憩終了まで、残り十分。こんな日に、お昼を抜いたらやってられない。

レモンの輪切りと人生

喫茶のメニューにはデザートもあり、アルバイトスタッフが一部の仕込みをする。輪切りにしたレモンのはちみつ漬けも、そのなかのひとつだ。スライサーではなく、包丁で慎重にレモンを輪切りにしていくのだが、これが難しい。レモンの硬さに個体差があるので、皮が硬いとまっすぐ切れるけれど、皮が薄かったり柔らかかったりすると、すぐに断面が曲がってしまう。

ある日、Ａくんと喫茶シフトの時間が一緒になった。Ａくんは気のいい大学生の男の子で、老若男女に好かれる好青年である。クラスにいたらピンチのときにぜったい助けてくれそうだし、道に迷ったときには、きっと周囲にたくさん人がいたとしても、彼に声をかけたくなるだろう。わたしは備品の補充をしようと思っていたので、Ａくんにレモンの仕込みをお願いする。快く引き受けてくれたが、途中で彼の様子をうかがっていると、どうやらレモンをうまく切るところで苦戦しているようだった。わたしはＡくんに向かって話しかける。

「レモンの輪切りって最初にうまく切れないとずっとうまく切れないよね」
「そうなんです」
「でもさ、人生がレモンじゃなくてよかったよね」
「いや、レモンかもしれないですよ」

スタートダッシュがうまく切れなくても、子どもの頃に恵まれた環境じゃなくても、いくらでも軌道修正できるのが人生だと思っていた。しかし、Ａくんはそうではないんじゃないか、と考えているらしい。新卒で就職しなかったけれど、コンビニ店員から大手企業へ就職できたわたしの実体験を話しても、「それはひらいさんが新卒でも、新卒じゃなくても就職できる人だったからですよ」と控えめに反論をされた。

実際、転職エージェントに勤めていた頃、学歴や転職回数でNGラインを設ける企業があることを知った。さまざまな理由で大学へ進学できない人がいることを考えると、生まれ育った環境によって不利になるのはおかしいが、現実としてそういったことが起こっている。もしかしたらわたしも、転職活動中に学歴を見られて「このレベルの偏差値の大学出身者はとらない」と落とされていたかもしれない。

それでも、人生がレモンの輪切りと同じとは思いたくないのだ。経済的に恵まれた家庭ではなくても、偏差値の高い大学に入れなくても、なかなか自分が長く働ける会社が見つからずに転職を繰り返しても、人生の舵を握っているのはいつでも自分で、追い風が吹けば、ぐんと前に進むチャンスがあるのだと。生まれたときから人生はある程度決まっているよね、と自分が世の中に見切りをつけてしまったら、そういう人たちだけが生きやすい社会にしかならない。誰にだってチャンスがあるし、それは出自とはまったく無関係なものだ。そのことを、いつかわたし自身の人生で証明することができるだろうか。Aくんが切ったレモンの断面を見つめながら、もやもやと人生について思いを巡らせた。

「好きなこと」を仕事にする

少し前から、「好きなことで生きていこう！」とか「好きなことを仕事にしよう！」という言葉をよく耳にするようになった。よく考えてみれば、本屋で働いているということは、「好き」を仕事にしているということなのかもしれない。しかし、ものすごく本が好きなのかと問われれば、自信はない。一緒に働いているスタッフの人たちは、知識が豊富だったり、ひとつのことを深く知っていたり、自分の考えを持っていたりする。わたしはと言うと、好きな作家の本はだいたい読んでいるくらいだ。選書を担当していたのはビジネス書と絵本だったが、それらの知識が特別あるわけではなかった。

昔から、出かける元気があるとだいたい本屋へ行く。地元にいた子どもの頃からそうだ。東京みたいにいくつもさまざまな規模の本屋があるわけではないので、スーパーの二階に入っている小さな本屋をはしごして、限られたおこづかいの中から数冊を買う。これが休日の唯一のたのしみだった。東京には、個人の方が経営されている独立系書店もあれば、大型チェーンの書店もある。地元には置いていないような本が膨大に存在し、何軒回っても行く先々で気になる本と出会う。おもしろそうな本を見つけて買うことも目的ではあるが、「本屋にいる」ということで心に潤いが戻ってくる感覚になり、お店へ向かっている部分もあった。本屋で働くようになってからもその習慣は変わらず、休みの日にはせっせとほかの本屋さんへ足を伸ばしていた。

ところが、本屋へ行っても以前のように安らかな気持ちになれていないことに、ふと気づく。本を眺めていても「あれ、これってうちのお店にあったかな」「やっぱり最近のビジネス書はこういうテーマが増えてるのか」などと、仕事のことばかり考えてしまう。考えることが嫌なわけではないけれど、唯一自分が明確に「心が休まる場所」として認識していた本屋でオフになれないのは、逃げ場のないようなつらさだった。だんだん休みの日に本屋へ行く回数が減り、本を読むことも以前よりできなくなっていく。どうやってリフレッシュしたらいいのかもわからない。本のことが好きで本にかかわる場所で働きはじめたのに、いつのまにか自分の安全地帯の範囲が狭まっていく危機感を抱くようになっていた。

「好きなことを仕事にするのがいいこと」という説については、正直疑っている。もともと知識があったり、興味を持って調べることができたりするので最初のうちはたのしい。だけど、好きなものとの距離が近すぎると、それを純粋にたのしめなくなってきてしまう場合もある。好きなものを仕事にしようと考えるときこそ、慎重になったほうがよいのかもしれない。

（二十八歳・書店アルバイト）

キャリアプランなんてないし、積み上げるつもりもない。でも、世間体がまったく気にならないわけではなかった。最初のきっかけとなったのが、同級生との再会である。同じクラスになったことがないくらいの、うっすらと記憶している高校の同級生が、なぜか何人も職場の本屋にお客さんとして来る時期があった。地元は茨城なのに、なぜか都心の、しかもいくつも本屋があるうちのひとつに。なんでなんだ。東京でばりばり稼いでいる同級生と、アルバイト先のカウンター越しに会うのは、正直気まずい。必ずと言っていいほど「え、ここで働いてるの?」「正社員?」という会話から逃れられず、「へ〜、バイトなんだ(二十八歳なのに)」みたいな空気が漂う。こういった状況が一回でなく何度も続くと、このままでいいのだろうか、と思わざるを得なかった。

もうひとつのきっかけが、同い年の仕事関係の女性と同じような会話をしたことだ。職場の本屋の内装やデザインについては別の会社がプロデュースをしており、彼女はその会社で働く社員だった。少し雑談をした際、年齢を聞かれて「二十八歳です」と答えると、すかさず「正社員ですか?」と問われた。ほぼ初対面にもかかわらずいきなり年齢を訊いた上に雇用形態を聞いてくるとは、なんて失礼なのだろう。それを聞いて、なんになるのか。正社員の人を十人見つけないと帰れないゲームでもやっているのだろうか。内心ムッとしていたのに、いざ「アルバイトです」と答えようとすると、なんだか肩身がせまい表情を浮かべてしまう。なにも悪くないのに。

アルバイトで働くとき、「夢がある」と世間に納得されやすい、というのも不思議だなと思う。芸人を目指している人が、とんかつ屋でアルバイトをしている。俳優を目指している人が、オーディションを受けたり稽古をしたりする合間に、コンビニでアルバイトをしている。「なにかやりたいもののために、アルバイトしている」と言うと、途端に周囲の接し方がまるくなる。一方で、特にやりたいこともなく、アルバイトという働き方が好きでやっていると言うと「この先どうするの?」とか「そんな生活できるのは今のうちだよ」などとあたりが厳しい人がわらわらと現れる。

夢を持つのは、いいことだ。それは認めよう。だけど、夢がない人生だって、別になにも悪くない。おおきな仕事の悩みはなく、休みの日にはゆったりと映画を観たり漫画を読んだり好きなことをして過ごし、軽やかな気分でまた次の朝に出勤する。お金がいつもないことを除けば、たのしい人生だ。やるべきことをやり、たのしく過ごせるなら、それがいちばんいいではないか。苦労を重ねて夢をつかむ過程は、周囲からしたら輝かしい人生の一部に映るかもしれないが、誰かに見せるために生きているわけではないのだ。夢を持つのも、持たないのも、自分が決めることなのだから。

転職活動、ふたたび

アルバイトでなにが悪い、という気持ちを抱きながらも、世間体という圧に鈍感になりきれず、お金のこともあいまって、やはり正社員で働く仕事を見つけるか……という気持ちになっていった。不本意ではあるが、お金のことも世間体のことも、考えなくて済むならそうしたい。今まででいちばん働きやすい職場だったので辞めるのは惜しかったが、ふたたび転職活動をすることにした。働き始めて、一年が経った頃だった。仕事の探し方は、基本的に興味のある会社の社名を打ち込み、その会社のホームページの採用ページで雇用してもらえそうな求人を探すという方法をとっていた。転職エージェントを使い、ある程度自分の条件を伝えて探すという方法もあるけれど、その会社のことが好きではなかったり、興味を持てなければ、またすぐに辞めてしまうような気がした。

いろんな企業のサイトを見ては、採用ページから直接応募する日々が続く。と、ある日、応募していた企業の一社から、面接の案内がきていた。学生時代、その会社の創業者が書いた本を読んだことがあり、おもしろそうな会社だなと印象に残っていたD社だった。D社はゲームや英会話など、幅広いエンタメを扱っている大手企業だ。事業内容にものすごく興味が合致しているというわけではなかったけれど、社長の本を読んだときには共感できる部分がいくつもあったし、きっと中で働く人たちとの相性もそこまで悪くはないのではないか、と楽観的に考えていた。

面接の日が決まり、本屋のアルバイトが終わると、そのまま面接先の会社のオフィスを目指す。建物の入口を入ると、でかでかとしたエスカレーターが二、三本並んでいた。心なしか、駅やショッピングモールにあるエスカレーターよりも動きがちょっと速い。指定された階までエレベーターであがると、到着したフロアのエントランスホールの地面が、ゆらゆらとレインボーに光っていた。転職活動をするたび思うが、上場企業はオフィスのなにかしらを光らせたがる傾向にある。もうこんなことでは動じないぞ、と思いながら受付の女性に話しかけ、面接の約束をしてもらっていることを伝えた。数分経つと、面接官と思しき男性が目の前に現れる。ガラス張りの会議室に案内してもらうと、あとからもうひとりの面接官が加わり、いつものようにこれまでの経歴や志望動機について質問を受ける。この頃には転職活動に慣れてきていて、自分の話ならすんなり話せるようになっていた。しかし、面接官から会社の話をしてもらっていくなかで、「なにかが違う」と違和感が強まっていく。わたしが知っているこの会社は、こんな事業をやっていただろうか。そういえば、床をレインボーに光らせるようなノリの創業者ではなかった気がする。

面接が終わり、「茶室の会議室なんかもあるので、よかったら見ていきますか？」と言われ、せっかくなので、と見学させてもらう。茶室までの道のりもディズニーランドのアトラクションのごとく、暗いけどところどころなにかが光ったりしている不思議な空間である。本命の茶室にたどり着くと、入口が大人でも頭をかがめないと入れないような低さになっており、さらに不思議空間が広がっていた。にこにこしながら説明してくれる面接官の男性に「わあ、すごいですね！」と全力で感激する様子を見せたが、心の内では「ちょっとここでは会議したくないかもしれない」と思ってしまう。やはりこの会社、なにかが違う。面接が終わり、帰りの電車の中で、学生時代に読んだD社の創業者の本を調べてみた。少し前に出版された本だが、検索するとすぐに本の詳細が見つかる。出版社の商品ページを開いてみると、なんとまったく違う会社だった。合っているのは、頭文字のDだけだ……。「なんか噛み合わないな」と思ったら、受けたいと思っていたところではない会社の面接に行っていたのだ。そりゃ噛み合わないわけである。数日後、D社からはお見送りのメールが届いた。面接で見送られてはじめて、心からほっとした。

転職をしよう、と思っても次がなかなか決まらないと、だんだん焦りが出てきてしまう。応募したい企業がなかなか見つからず諦めかけていたとき、SNSで新しくできる施設の運営の求人募集を目にした。新しくできる場所の仕事なので、もしかしたら今の本屋で働いた経験を生かせるかもしれない。施設に入るテナントの人とのコミュニケーションや、イベントの運営にかかわる仕事、というのもおもしろそうだ。そういった仕事の経験がないところがネックだったが、経験は問わないと書かれている。見込みがないと思われたら書類選考や面接で落とされるだろうし、だめもとで受けてみてもいいかもしれない。応募フォームに必要事項を打ち込み送信すると、後日担当者から連絡が返ってきた。どうやら面接をしてくれるらしい。年齢の割に転職回数がやや多いので書類で落とされると思っていただけに、面接のチャンスがもらえるだけでうれしかった。

面接とは言いつつも、実際には会社の代表が雑談のように場所についてのことを話してくれたり、これまでの経験のことを再度確認されたりする時間で、三十分も経つと「なにか聞いておきたいことはありますか？」と聞かれ、いくつか質問したのちに終わっていた。わたし自身は自分のことをきちんと伝えきれてないような不安があったものの、経営者としての経験がある人だから、きっとこの短い時間だけでもわたしがどんな人間か、どんなことができるのか、だいたいわかったのだろう。そうなのであれば面接は落ちるはずだ。面接してもらえただけでもありがたい。ところが、後日届いたメールは採用の通知だった。

トイレットペーパーがない

働いている書店の店長に退職の意向を伝え、辞めるまでの間に少しずつ業務の引き継ぎ準備をしていく。オープンしていつのまにか一年が経っていた。お店の体制も最初よりはなんとなく整ってきていたし、入場料制の書店であることも以前より認知されてきているな、と思う。顔馴染みのお客さんも増えた。

退職する数週間前の二〇二〇年三月某日、いつもネットで発注しているトイレットペーパーがどのメーカーも品切れになっているのだとKくんから報告を受ける。たしかに、いつも発注しているものだけでなく、トイレットペーパーはどの種類も品切れで、「入荷未定」と表示されている。わたしの家にはテレビがない。だから、新型疫病が流行しはじめていることを知るのが、世間よりもやや遅れたタイミングだった。また数日が経ち、花粉症用に買おうと思っていたマスクがコンビニやドラッグストアで品切れになっているのを目撃し、初めて事態の深刻さに気づいた。

それにしても、トイレットペーパーがないのは困る。花粉症でくしゃみが止まらなくても、鼻がむずむずしても、マスクがないのはなんとかなる。でも、お尻はトイレットペーパーじゃないと拭けないのだ。トイレットペーパーが不足していた背景は、「トイレットペーパーの多くは中国で製造・輸出しているため、新型コロナウイルスの影響でこれから不足する」というデマが広まり、買い占めの動きが各地で広がったからのようだ。ちなみにこのデマは信じている人がほとんどいなかったにもかかわらず、「でもデマを信じる人によって買い占めがされたら自分が困ってしまう」と考える人々によって、買い占めが起こってしまったらしい。

そんなわけで、しばらくトイレットペーパーの品切れが続き、職場のトイレ清掃をするたび「あと何人分のお尻が拭けるか」という緊張感を抱いていた。またあるとき、Ｋくんは近くのドラッグストアが開店した直後に買い出しへ行ってくれることになった。しかし、帰ってきたＫくんは手ぶらだった。おばちゃんたちとの闘いに敗れたのだと言う。目の前で繰り広げられた買い占めの様子を説明しながら、彼はしばらく立腹していた。これがティッシュやキッチンペーパーだったら違ったのだろうなと思う。ティッシュやキッチンペーパーは、他の紙物で代用できるからだ。たとえあらゆる紙製品が世の中から不足するようになったとしても、ティッシュがなければハンカチで鼻をかめばいいし、キッチンペーパーがなければ未使用の台拭きを使えばいい。でも、お尻を拭くのはなかなかそうもいかないのだ。いきなり葉っぱとか石で拭けと言われてもものすごく抵抗があるだろうし、トイレが詰まる可能性だって考えなければならない。家にティッシュがないときよりも、トイレで用を足してトイレットペーパーがないと気づいたときの絶望感の方がはるかに上回る。

トイレットペーパーは相変わらず品薄状態が続き、わたしの最終出勤日は刻々と迫っていく。転職先の出社日が決まり、店長や副店長、一緒に働いていたスタッフのみんなが惜しんでくれるなか、退職をした。トイレットペーパーの残数が、最後まで気がかりだった。

五社目

事務局・広報

入社して一か月で辞めたくなる

世の中が不穏な雰囲気に包まれるなか、転職先の商業施設は着々とオープンに向けて準備を進めていく。ところが、開業日の二週間前の三月十三日、コロナウイルス対策の特別措置法が成立した。SNSをスクロールするたび、安倍総理（当時）が会見する様子が何度も流れてくる。この状況がどのくらい急を要しているのか、特別措置法が成立したところでなにがどう変わるのか、さっぱりイメージができない。しかし、日を追うにつれ、どうやら不要不急の外出を控えたり、マスクを着用するよう推奨されたり、イベントの開催を延期させる内容のようだ、と徐々に理解していった。

開業日の四月一日は、たしか曇っていた。曇天のお手本とも言うほどにどんよりと濁った雲が空を覆っており、これから先どうなってしまうのだろう、と心の中に不安が立ち込める。転職したてなのに、職がなくなってしまうかもしれない。入社して一か月目はどの会社にいても、なにをやっていいかわからず時間を持て余してしまったり、うまくやれるかな、などと思い悩んだりするものだが、今回ばかりはほんとうになにをやったらいいのか、まったくわからなかった。さらにその状態は、二か月目、三か月目も続いていく。心配しながら乗っていた電車も次第に乗客が減り、ぎゅうぎゅうだった朝の東横線は、ひと席空けて乗るのがマナーとなっていた。乗り換えで一度渋谷駅を降りると、ビルの上には真っ白な広告ばかりが目立つ。何度も来ているのに、この時期の渋谷は知らない街みたいだった。

あのときのことを何度振り返ってみても、自分が何を期待されていたのか、いまだによくわからずにいる。かなり応募があった中から、たったひとりの社員として採用されたことも不思議だった。とにかく期待通りの働きができていなかったことだけは、はっきりとわかる。「いちいち報告する必要はないから自分でどんどん進めてほしい」というようなことを言われても、方位磁針も持たぬまま、なんの目印もない南極にぽつりと立っているような状況で、どうしたらいいのかさっぱりわからなかったのだ。しかし、なにもしないわけにはいかないと思い「こんなことをやってみようと思います」と提案してみても、それは違う、と一蹴されてしまう。入社して一か月で「無理かもしれない」とうっすら感じていたが、何か月経ってもその予感は確信に近づくばかりだった。

事実上、入社して三か月で採用されたポジションはクビになり、「事務局」という役割へ肩書きが変わった。このご時世で仕事がクビにならないだけありがたかったが、内心クビになる方が楽だとも思っていた。コロナが落ち着いて当初やろうとしていたことがやれるようになったとて、わたしが期待されているポテンシャルを発揮できるとは到底思えなかったからだ。「ポテンシャル採用」とは、雇用される側にとってありがたい採用方法のように感じるが、実際のポテンシャルよりもものすごく高いレベルを期待されてしまうとたいへんである。一生懸命頑張っても、「え、あなたのポテンシャルってそのくらいなの?」とがっかりされ、お互いに「なんか思ってたのと違うな」と変な空気が流れる。

ポテンシャル採用とはうたっていなくても、ものすごく期待されて採用されたり、「ひらいさんらしさをどんどん出してほしい」のように言われることは、これまでも何度かあった。たぶんそうやって採用してくれたり声をかけてくれる裏には、「部下として転がしやすそうに見える」という要因があるのだと思っている。しかし、違うのだ。わたしはこう見えて、とても転がしにくいのである。起き上がり小法師のように、ぐらぐら揺れて柔軟に相手にあわせられそうに見えて、重心はひとつのところに定まっているので、最終的にはスンっと元の位置に戻る。つまり、頑固なのだ。頑固さは自分でも自覚しているし、高校の友だちもわたしのことをよく知っているが、表面的なところしか見せていない相手にはこの厄介な部分がなかなか伝わらない。

そういえば、勝手に期待されていきなりクビになる才能は、高校時代からすでに発揮していた。ある日、数学の担当であり学年主任でもあるS先生に呼び出された。テストの点数が悪いことで怒られるのかと思いきや、S先生は突然「生徒会に立候補しないか」と言うのだった。会長や副会長に立候補する人はいて、ほぼ決まっているらしいが、サブポジションの書記がまだ決まりそうにないのだと言う。わたしは軟式野球部に所属していて、放課後は部活動で忙しい。さらに、成績もあまりよくない。どちらかと言うと、もっと勉強できる時間を確保した方がいい生徒だ。部活動に所属していない生徒はたくさんいるのに、なぜわたしなんだろう。S先生がわたしに声をかけた理由はわからなかった。今あらためて振り返ってみると、おそらくわたしが立候補するとちょうどよかったのではないかと思う。校則はないに等しい学校だったけれど、わたしはそこまで制服を着崩すこともしていなかったし、素行もいいほうだった。また、東大に行けるくらい勉強ができる子なら、先生から「あの子には勉学に専念してもらった方がいい」と反対意見が出る可能性があるが、わたしにはその心配がないからだ。失礼な話である！（実際のところはわからない）

わたしはS先生からの提案を受け、生徒会に立候補し、無事書記に当選した。高校二年の春だった。うちの高校には、三年生に進級するまで文理分けがない。わたしは根っからの文系気質であることは高校受験時から明らかだったが、二年までは受験で使わないであろう物理と化学の授業を受けなければならない。部活をやっていたので常に眠気と闘っていたけれど、その割には授業を真面目に聞いていたと思う。しかし、「聞く」のと「理解する」のは別だ。物理のテストは、問題集を三周解いたにもかかわらず、二十二点だった。化学は四点だった。数Ⅱはもっと目が当てられず、三枚のテスト用紙のすべてに〇点と書かれていた。解答用紙になにかしらをいっぱい書いたのに〇点だったのである。あまりにびっくりしすぎて、「〇点！」と叫んだ。ちなみにB組の教室にいたわたしのこの声は、E組まで響き渡っていたらしい。数Bは少しましだったかもしれないが、記憶を消したかったからか、覚えていない。一生懸命勉強してもこんな感じだったので、前期の通信簿には数Ⅱ、数B、化学、物理すべてに1が並んだ。こんなに1が並んだ通信簿を見るのは初めてだった。開いた瞬間、「ひっ」と声が出た。でも、仕方がない。後期頑張ろう。気を取り直そうと部活に向かおうとすると、担任のI先生から放課後に教務室へ来るよう呼び出しを受けた。なんだろう。思い当たる節がない。教務室の扉を開けると、わたしの顔を見るなりI先生は苦虫をつぶしたような顔で言った。「ひらい、後期は生徒会に立候補するのはやめてくれ」。理系四教科がオール1だったことで、今度は担任から生徒会に立候補するのを止められてしまったのだ。なんなんだ、と正直怒りたくなった。わたしの方こそ口の中に苦虫を入れたい気分である。大人は勝手だ。結局、後期は生徒会に立候補しなかった。ひどかった理系科目の成績はマシになった。

「給料も払いたくない」

上司の一人であるTさんが、わたしのようなタイプの人間を理解できないだろうな、ということは薄々感じていた。彼は一言えば十わかるような人で、だから相手も十言わなくたって汲み取れるだろう、と考えている節があった。わたしは、一言われたら一しかわからない。なんなら、その一だって勝手に変な方向で捉えてしまうことすらある。だから、ただ息を吸って歩いているだけでも怒られてしまうんじゃないか、というくらい、なにをやっても怒られていた。

わたしが任されていたイベントがひとつあったのだが、なにを考えなければいけないか、どうやって出店者を集めたらいいのかわからず、しばらく途方に暮れていた。少ない人数しかいないメンバーに相談することもできない。結局、次の会議までに提案できることがないまま当日を迎えた。この点については、全面的にわたしが悪かったと自覚している。会議でいろいろ考えたり調べたりしたけど進捗がないことを伝えると、Tさんは「今までなにしてたの？」と問い詰め、どんどん声を荒げた。Tさんの怒り方は、子どもの頃にトラウマを植え付けられた親族ととても似ている。防御反応か、おおきい声を出されると頭が真っ白になり、声が出なくなってしまう。このときも、まったく同じ状況に陥ってしまい、ただ「すみません」としか言えなくなっていた。「ひらいさんは、自分に興味があることにしか興味がないんだよ」「はっきり言って、ひらいさんの働きぶりはアルバイトレベル」と言われ、最終的には「給料も払いたくない」と他のメンバーがいる前ではっきりと告げられた。ガーン……。

そこまで言わなくても、と憤る気持ちもなくはなかったが、仕事ができていないのは自分のせいだし、「給料も払いたくない」と言われたことは、「もはやチャンスだ」と思った。これからも働き続けたとして、今後の働きぶりを「社員以上」と見なされる可能性は、限りなく低い。今までも、一応やれることは全力でやっているつもりだったのだ。それに、悪行をはたらいているわけでもなく、ただ真面目に働いているだけで「給料も払いたくない」と言われるような上司のもとで働きつづけるのは、はっきり言ってキツい。今までもこれはパワハラなのでは、と思うような発言が何度もあったし、そのたびに嫌な気分になっていた。そうだ、辞めよう。ものすごくつらかったし、このままなにも言わずに逃げ去りたかった。だけど、短いながらも仕事をさせてもらった恩がある。やる気を出させるためにあえて厳しいことを言ってくれたつもりだったかもしれないが、翌週には辞める意向を伝えることにした。

辞めます、と言える雰囲気ではなかった数か月、とにかく死ぬことばかり考えていた。ある日、日付が変わる頃まで仕事をし、駅のホームで電車を待っていたときのことだった。夏休みに入ったのだろうか。周囲にはお酒を飲んだ帰りと思しき大学生たちがいつもより多く感じられ、みな大きな声で話したり笑ったりしている。自分だけがしらふのようで、ひとりだけ浮いている気がした。イヤホンを両耳に挿し、スマホの中のＳＮＳアプリをタップする。タイムラインからふと、人身事故の知らせが目に留まった。最寄駅の路線だ。木曜日か。きっと、一週間頑張ろうとして、身が持たなかったのだろう。そのとき、自分だったら火曜日にするなあ、と同情したのだ。木曜日まで頑張るなんてもったいない、と。

今にして思えば、普通の精神状態ではなかったのだと思う。死んだら仕事を辞められる、それで辞めたら納得してもらえる、と本気で考えていた。だけど心のどこかで、「ここで死んだらもったいない」「仕事はいくらでもある」という感覚もうっすらと残っていた。転職を何度もして、この先どうにでもなることを知っていたからだ。もし、新卒の会社だったら違っていたかもしれない。「給料も払いたくない」と言われたことは少なからずショックだったが、それよりも死なずに辞められることの安心感の方が遥かに上回っていた。

先にもうひとりの上司のNさんに、辞めようと考えていることをオンラインの面談で伝えると、Nさんはわたしの退職の意向を受け止めてくれた。そして最後にNさんは「ひらいさんはもっとたくさん文章を書いた方がいいし、文章を書くべき人だと思っています」と言ってくれた。当時、わたしは文章で食べていきたいとは思っていなかったし、苦手意識があったから気まぐれでたまにnoteに書くくらいのことしかしていなかったのだが、その気まぐれで書いた文章を読んでくれていたようなのだ。そんなことを言ってもらえるとは思わず、不意打ちの言葉に、画面越しでぼろぼろと涙を落とす。この会社に入社して、初めてなにかを褒めてもらった瞬間だった。「でも全然日本語はうまくなくて……」とわたしが言うと、Nさんは「いや、うまいかどうかで言ったらあれですけど」と笑っていた。

退職する意向を告げると、Tさんもあっさりと受け入れてくれた。ようやくこのつらい日々から解放される、と思ったが、ひと月経っても辞められる気配がない。募集をかけて後任の人を採用し、引き継ぎが完了してから、とのことで、二か月経っても状況が変わらず仕事を続けている。まずい。ずるずると続けていては、辞められなくなってしまう。だけど、なにもしないで一日を終えることはできない。コロナの流行もいくぶん落ち着いて、おおきめのイベントを開催することが決まっており、その準備で慌ただしく毎日が過ぎていった。

施設の場所柄、近隣の方からクレームをいただくことがあった。その日はちょっとしたことが引き金となり、誰かからの通報で警察が施設の外に来ていた。警察の人を見るのは、交番か巡回パトロールくらいである。どうしていいかわからずパニックになり、たまたま外にいた上司のTさんに「どうしたらいいでしょうか」と相談すると、Tさんはお酒で赤らんだ顔でこちらを一瞥し、「それを考えるのがひらいさんの仕事なんじゃないの？」と目だけが笑っていない笑みを浮かべながらぴしゃりと言った。言っていることは正しいのだが、なにか納得できない……と不満げな表情を浮かべてしまう。こんな大変なときに飲んでいるTさんに正論を言われるという状況が悔しかった。反射的に「はい。すみません」と言い、涙をこらえながら、とぼとぼと歩く。ふと、そういえば今日はコジコジの「遊んで食べて寝てちゃダメ？」と描かれたTシャツを着ていることを思い出す。しょんぼりしながら去る部下の背中に、いかにも反省していなさそうなメッセージ。こんなんだから怒られるのかもしれない。

人を採用するのも、育てるのも、かなりの労力がかかる。だから、なるべく面接時に見極めて、活躍してくれそうな人材を選ぼうとする。わたし自身は人を雇った経験はないが、主催イベントの責任者として、近い目線でイベントの運営をしてくれるメンバーを仲間に迎え入れていた。賃金が発生しない分、責任感も異なる。さらに、全員に仕事や学業などの本業があったため、無理を強いることはできない。雇用関係を結んでいない状況でも、人と連帯してなにかを行うことは、とにかく大変だった。人は、コントロールできない。目線を合わせて一緒に頑張ってくれるかどうかは、その人次第なのだ。

だから、Tさんの気持ちもまったく想像できないわけではなかった。小規模ながらも、自分で責任を持ってなにかひとつのことをやり遂げた人間なら、きっと多少の無理をしてでも、施設の立ち上げを一緒に頑張ってくれるだろう、と期待してくれていたに違いなかった。それなのに、やることがなくなったからとそそくさと定時で帰るわ、任せたことは期限通りにやらないわで、ほんとうにコイツやる気あるのか？　もっと別の人を採用した方がよかったんじゃないか？　人件費だって、安くない。成果報酬で支払っているわけじゃないから、思ったような仕事ぶりをしていなくても、毎月決まった給与を払わなければならない。Tさんはそんなふうに、「なんでこんなやつを採用しちゃったんだ」と心の底から後悔していたのではないかと思う。

「仕事ができる・できない」は環境の違い

休みがほとんどない状況で、転職活動をするのは難しい。一週間のうち、自分が決めた休みを二日とれることになっていたが、休みの日にミーティングを入れられてしまうことはザラで、遅くまで働く日も少なくなかった。それでも、この仕事を辞められることと比べたら転職活動をする大変さなんて大したことない、と気持ちを奮い立たせる。これまでと同様、直接応募で気になる会社に履歴書を送付し、エントリーした。自分が仕事においてなにができるのか、もはやわからなくなっていたけれど、前職では「仕事ができる」と思ってもらえたことが、わずかな希望としてあった。

なぜ今年入社したばかりの会社を辞めて転職しようと考えているのか、なぜこんなに転職回数が多いのかと問われたらうまく答えられる自信がない。だけど、わたしには勝算があった。今までも転職回数にかかわらず採用してもらっている、という実績があるからだ。もちろん転職回数を気にする人事担当者も存在する。

せっかくコストをかけて採用するなら、長く働いてほしいという気持ちも理解できる。ただ、転職回数を気にする会社は、きっと働いたとしても相性がよくないのではないかと思うのだ。わたしも「いやんなったらすぐ辞めちゃお〜っと」みたいな軽い気持ちで転職しているわけではない。そのときその場所で一生懸命働いているつもりなのに、毎回なにかしらの理由で働き続けるのがつらくなってしまい、辞めるのである。そのことを「今時の若いものは辛抱がない」という言葉にまとめられてしまうのは不本意だし、そういう人が働く会社ではきっと入社してからも価値観の相違にぶつかり、結果的に長くいるのが難しくなる未来が見えている。

ベンチャー企業はその点、転職回数についてあまり気にしないように思う。ベンチャーのノリはあまり得意ではないけれど、働き方は大企業よりも自由度が高く、勤務中に魚肉ソーセージを食べても怒られないという点では、きっと自分に合っている。そこで、スタートアップの求人を探すことにした。と言っても、今の会社のように立ち上げたばかりでは、同じように求められる範囲が広かったり、休みがほとんどなく働くことになるかもしれない。だから、できるだけ社員数が少なすぎず多すぎない規模で、年数も三年以上は経っているところだ。あとは、自分がその会社のサービスに興味を持てるかどうかである。そうやって条件を絞っていくと、応募したいと思える求人は数社しかなかった。

何社か応募した会社も書類選考で落ちてしまい、この先どうしよう、と思っていた矢先、のぞむくんから、友だちのIくんが働いている会社を受けてみたらどうか、と提案をしてもらう。詳しくは知らなかったけれど、お菓子のスタートアップで、サイトを見ると雰囲気も良さそうだ。Iくんとはわたしも一度会っただけだが、なんとなく気が合いそうな子だった気がする。転職先ではなるべく文章をたのしく書けるように、プライベートの時間がちゃんと確保できる仕事をしようと決めていたので、営業アシスタントの求人に応募してみる。業務内容を見るに、このポジションならなんとなく定時で帰れそうな気がしたのだ。

応募して何日も経たないうちに、「まずは電話で面談をしましょう」とお返事をいただく。希望日時を伝えると、後日担当者から電話がかかってきた。ぜったいに採用してもらいたい、という気持ちで受け答えをするが、担当者の人はなにか思案しているようなトーンで相槌を打っている。すると、「このポジションはパートさんに働いてもらうイメージをしているので、いろんな経験をしてきているひらいさんにはもったいないかもしれないなと思うんです」と受話器越しの担当者の人は言った。とりあえず後日オフィスに来てみて他の担当者とも話しませんか、と提案され、あらためて対面で面談をしてもらうことになった。

オフィスへ着くと、電話口で話した担当者の方とは違う男性が現れる。事前に会社関連のインタビューを読んでいたことで、「この人、社長だ！」と気づく。しかし、「社長です」と言われないとわからないほど、ぎらぎらしているオーラもなく、相手を緊張させない不思議な空気をまとっている人だった。面談で話しはじめても、あまりに接し方がフラットなので、「もしかして裏社長みたいな人が他にいるのか……?」と疑いたくなる。面談でも、やはり応募したポジションと経験がちょっと合っていないかも、という話になった。このまま見送りとなるのかな、と思いきや「まだ公に求人を出しているわけではないんですが、自社のウェブメディアを作ろうと考えていて。文章を書くポジションに興味はないですか?」と言われ、驚く。そんなうまい話があるだろうか、とおそるおそる詳しく話を聞いてみると、どうやらわたしが個人で書いていたｎｏｔｅの文章を読んでくれていたようだった。「この感じで書いてほしいんです」と社長は言う。正直なところ、文章を仕事にするつもりはなかった。子どもの頃から国語は苦手教科だったし、助詞の使い方もめちゃくちゃだし、ライターの経験もない。それに好きなことであっても、仕事にしたらつらくなるかもしれないことも想像がついた。だけど、それ以上に会社の雰囲気がよかった。そのあと一緒に働くことになるチームのメンバーとも面談をして、ベンチャーだけどがつがつしていない感じだったので、「ここで働きたい」という気持ちの方が、不安よりも上回った。何度も転職をすると、面談で「大丈夫そう」か「大丈夫じゃなさそう」かが直感的にわかるようになっていく。最後まで「ほんとうに文章を書くことを仕事にしていいのか」で悩んだが、挑戦してみたい気持ちの方が勝ち、入社の意向を伝えた。

「ひらいさんは文章で成功しない」

退職の意向は働いていた会社に伝えていたが、時期は決められていない。「新しい人を採用して引き継ぎをする期間を考慮し、十月末くらい」と聞いていたのに、もう十一月に入っていた。転職エージェントで働いていた際に学んだのが、「転職先を決めておくと退職を交渉しやすい」ということだ。先が決まっていないとなると、現職側としてはずるずると使えるまで使おうという思考が働く。しかし、雇用される側にとっては辞めたいのに辞められない期間が長引けば長引くほど、心もすり減ってしまう。無事に転職先が決まったわたしは、次の会社の入社日を仮決めしてもらい、十一月末で退職したいと伝えた。ところが、わたしには給料も払いたくないはずなのに、後任の内定者が辞退したことを理由に「十二月末まではいてもらわないと困る」などと言いくるめられそうになってしまう。おかしいな。でも、知っている。自分の代わりは、いくらでもいるのだ。実際、わたしが辞めて仕事が回らなくなったり、在籍した会社が潰れたことはないからである。押し切らないと、確実に十二月末どころかこの先何か月も辞めることができなくなると思い、転職先では十二月一日から入社してほしいと言われている、とTさんに伝えた。そこですんなりわかりました、と言ってもらえたらうれしいが、やはりそうはいかない。なぜか怒りを爆発させてしまい、急に「ひらいさんの連絡はみんな無視してるんだよ。優先度が低いと思ってる」「Nさんがなかなかひらいさんのメッセージに反応しないのは無視してるから」という中学生のいじめみたいな言いがかりをつけられる。「そんなんだから何回も転職してるんだよ」という言葉には（Tさん記憶力すごいな）と感心してしまう。さらには「これまで文章で成功してきた人を身近で何人も見てきてるけど、ひらいさんが文章で成功するとは思えない」などと言いたい放題言われた。今まではネガティブなことを言われると落ち込んでいたけれど、ここまで理屈の通っていない子どもじみた言いがかりをつけられると、なにも感じない。特に「ひらいさんの連絡はみんな無視してる」という言葉にはスカッとするほどの大人気なさがあった。無視しないでほしい。

理由もなく悪く言われるのは、気持ちのいいことではない。多少は落ち込むし、引きずる。ただ、なんでその言葉を言われなければならなかったかを考えると、想像がついたのだ。わたしは、ADHDかもしれないと診断されてから、できないことをどれだけやっても人並みにできないことを受け入れた。そこに寄りかかったり、できないからいいよね、と甘えることはしなかったし、なるべく先回りしてミスを防ぐ策を練るようにしていた。ただ、実際には公言しなくともキャラクターとして周囲に許してもらえていたり、助けてもらったりすることが多かった。たぶん、許せないのだと思う。厳しく上司に怒られたりしながら結果を出し、ようやく地位を築いてきた人にとって、できないことを認め、マイペースに生きるような人間のことが。そういう人にとって、弱さを認めることは「逃げ」で、自分のできることだけで世間から評価をもらって生きるのは「ずるい」ことなのだと。自分に向けられた言葉の中には「自分に興味があることとしか興味ないよね」「ひらいさんってマイペースなんだよ」という発言があった。期待されたポジションにおいて、「自分の興味を持てることにしか興味がないこと」はマイナスだったとしても、他の場面ではプラスにはたらくこともある。かけられた言葉の意図をひとつひとつ紐解こうとしてみると、「自分の思い通りに動く人間じゃなかった」「弱さを認めるなんて逃げ」という思考が透けて見えてくる。絶対的な立場にいるからといって、彼の言うことがすべてではない。もし同じような境遇にいる人がこの文章を読んでくれていたら、自分の感情と一度距離をとってみて、「なぜ相手はその言葉を発したのか」考えてみてほしい。自分の感情と向き合い続けていると、どうしても自分自身を責めたくなる。自分のせいにする方が、場合によっては楽かもしれない。だけど、相手だって人間だ。完璧な人なんていない。つらくなったら、自分だけを悪者にしようとしない強さを持つことも、ときには必要である。

なにもない首里城

有給を使う暇もなく休みもとれず働きづめのまま、退職日を迎えた。最終日は割とあっさりとしていて、一緒に仕事をしていた別の会社の人たちがちいさな送別会を開いてくれた。働いていた会社の上司にはあまり好かれなかったけれど、施設の中で働く人たちはみな退職を惜しんでくれ、心から残念がってくれたのが、唯一の救いだった。あるお店で働くHさんに少しだけ退職の経緯を話すと、自分ごとのように怒ってくれ、そのときだけは泣きそうになった。そういう人たちに囲まれて仕事をしていたから、上司にいろいろ言われたりしながらも、ちゃんと最終日まで仕事をやり続けられたのだと思う。

次の会社に入社するまでの土日の間、東京を離れて休養しようと知り合いのいる沖縄へ行こうと決める。知り合いのYさんは、何年も前に沖縄へ移住した方だ。

生まれも育ちも沖縄なのではないかと思ってしまうくらい、沖縄の方言をネイティブに話すので会うたび驚いてしまう。年齢は親世代くらいの方で、背後に「陽」のパワーがちかちかと発光しているように見えるほど快活だ。自身で事業をやっているのも納得である。観光地をあちこち回る旅行というよりはのんびり過ごそうと思っていることを伝えると、首里城に行くことを提案してくれた。そういえば、首里城はまだ行ったことがない。Yさんは、「原因不明の火災で焼失してしまっているから正殿はないけれど、今のひらめちゃんは行った方がいい気がする」と言ってくれた。首里城の火災はこれが初めてではなく、歴史の中で何度も焼失と再建を繰り返しているらしい。

首里城には行ったことがないので、あるべき姿との比較ができない。ただ、正殿があるはずの場所にぽっかりと平らなコンクリート地が広がっている光景を一目見たら、それが異様な景色であることはすぐにわかった。ボランティアスタッフの人たちによって、再建が進められている。その日もたくさんの方が作業していた。建物がないその場所に立ってみると、周辺の木々や住宅が見える。「今この状態だからこそ、正殿があったら見えなかったはずの景色が見えるんだよね」

とYさんが言い、本来見えなかったはずの景色をぼんやりと眺めながら、昨日まで働いていた会社の日々を思い返す。きっと、苦しいと思いながらずっとあの会社で働き続けていたら、目の前の景色しか見えなかっただろう。失うことで、見えるものがある。やっと再建された首里城を、一瞬にして失った沖縄の人たちの悲しみは、はかりしれない。当時のことをとても苦しそうに話すYさんの表情からも、どれだけ衝撃的な出来事だったかがうかがえる。だけど、少なくともこの場で再建のボランティアをする人たちは、また完成する未来を信じている。深い悲しみとともに、しなやかな強さを持ち合わせることもできるのだ。

わたしを宿まで送り届けてくれる車中で、Yさんは運転しながら「ひらめちゃんは、いつか今回の沖縄滞在のことを文章に書く気がするなあ」と、なにかが見えているような含みのあるトーンで言う。書き手としてのキャリアがはじまってもいないにもかかわらず、あまりにも自然にYさんが言うので、わたしもいつか書くのかもなあ、とぼんやり受け止める。アルバイトから正社員へ、バイトに戻ってまた転職して社員になり、今はまた新しいスタートラインに立っている。なにも積み上がっていない。視界が限りなく良好な更地があるだけだ。沖縄に来る前までは、三十歳を目前にして、こんな状態でいいのだろうか、と焦る気持ちがあった。でも、きっと大丈夫だ。自分が諦めない限りは、何度でもやり直せる。

帰りの飛行機、首里城で見た景色を脳裏に浮かべながら、明日からはじまる新しい日常に思いを馳せた。

六社目

編集・ライター

職場には川が必要

転職先は、隅田川の近くにオフィスがあった。オフィス街であるが、キビキビとした会社員の人たちが闊歩する赤坂や日本橋ほどぴりっとした空気はない。どちらかというと穏やかで、下町のような雰囲気をまとう街である。

仕事に求める条件と言ったら、年収や勤務場所、働きやすい社風かどうかなどが挙げられやすいのではないかと思う。自分のこれまでの生活を維持できる、もしくは水準を上げられる年収かどうか。自宅から会社まで通うのは大変じゃないか。乗り換えの回数、通勤時間が許容範囲か。プライベートの時間も大事にしたいとしたら、休みがちゃんととれるのか。中途入社が周りの人に相談しやすいか。

もちろん、これらは大事である。週に五日、しかも一日の大半を過ごす場所なのだから、大事にしたい条件をひとつでも妥協すると、会社へ行くこと自体がつらくなってしまう。

家を探す際、物件の条件と同じくらい気になるのが、周辺環境だ。近くにスーパーやドラッグストアがあるか、治安はいいかどうかを事前に知っておきたいという人は、ある程度いる気がしている。だけど、仕事において、そこを重要視する人はあまりいないかもしれない。外に出る機会が通勤とお昼休みぐらいしかないことを想像すれば、納得できる。ただ、実はこの短時間の外との接触が、仕事選びにおいて重要な要素のひとつになりうるのではないかと思うのだ。年収や勤務地などの条件が揃っていることは前提として、職場近くにおいしいごはん屋さん、行きつけの感じのいいお店があるだけでも、お昼休みのたのしみ度合いが格段に変わる。公園や川といった公共空間があれば、堂々と「なにもしない」をすることができ、ゆったりとした時間を過ごせる。どんな仕事でも、大変なことは必ずやってくる。そんなときに、仕事からちゃんと「逃げられる場所」があるのは、案外大事なんじゃないか。

わたしの場合、それが川だった。コンビニでおにぎりを買って、河原にあるベンチでもさもさ食べ、持ってきた本を読む。ただこれだけの行為で、仕事がつらいときに何度も救われる思いがした。川沿いには、いろんな人がいる。ランニングしている人もいれば、お散歩がてら休憩しているマダムもいる。散歩中の犬がうれしそうに走っていたり、同じようにお昼休憩におにぎりを頬張る人もいる。いろんな人たちを見ていると、安心するのだ。会社の中で完結された社会というものはなくて、外に出ればひとつの正解があるわけじゃないこと。自分とは無関係な人が、たくさんいること。会社の中にいると、世界が狭くなりやすい。会社の中がすべてなのだと思ってしまいそうになる。だけど、ふらっと川の方まで足を伸ばすだけで、そうじゃないと一瞬で気づく。自分の心を安全な場所へと連れて行ってくれるのが、川なのだ。

デスクでごはんを食べること、窓がないオフィスで働くこと

新しい会社は、びっくりするくらい働きやすかった。「文章で成功するとは思えない」と言われたり、酔っ払った上司に怒られたりすることもない。前の会社で過ごす時間のつらさと比べたら、どんな職場でもたのしいと思えるような精神状態だったが、それを差し引いても働きやすい環境だった。基本的に営業の人などは社用の番号を持っていたため、勤務中、デスクに置いている電話をとる必要がない。朝は十時から十一時の間に行けばよく、月に決められた時間を働いていれば、何時に帰ってもいい。天国だった。

お昼休憩をとるタイミングも、もちろん自由だ。きっとオフィス街にあるから、さぞかしお得でおいしいランチが食べられるお店がいっぱいあるのだろう。……と思っていた。しかし。「この辺ねえ、いいごはん屋さんがないんだよ」。おすすめのごはん屋さんを誰に訊いても、返ってくる言葉は一緒だった。そうなのだ。会社の近くには、いいごはん屋さんどころか、ランチを食べられるお店が、そもそもほとんどなかった。飲食店が集まる隣町のエリアまで行けば選び放題なのだが、そこまで歩くのも面倒である。しばらくは、コンビニでごはんを買うことにした。お腹が空いてきたら、コンビニへ行って戻り、デスクに座って食べる。お昼をとる時間がみなバラバラなので、わたしがごはんを食べる間、周囲のメンバーは仕事をしている。この感じが、どうにも苦手だった。会社の雰囲気が、というわけではなく、「デスクでごはんを食べる」ことがそもそも得意ではなかったのだ。ひとつに、他の人は仕事をしているので、なんだか悪いことをしている気持ちになる点が挙げられる。小心者なので、たとえば複数人でカフェに入ったとき、全員が飲みものだけを注文するなか、ひとりだけナポリタンを頼むような度胸は持ち合わせていない。だけど、デスクでごはんを食べようとすると、自然にそういった状況を作り出してしまう。「あっ、みんなはごはんとか食べない感じ？じゃあいただきまーすっと」とおそるおそる食べることになる。もうひとつが、気が休まらないという理由である。壁や空間を無心で見つめながら食べるわけにはいかないので、とりあえずノートパソコンを開いて、それを眺めながらごはんを頬張る。すると、「あー、午後は○○さんにメール返してあの記事の画像の依頼して、ミーティングで報告する数値も入れなきゃな」みたいに仕事のことを考え出してしまう。自分のデスク以外に、誰でも使えるソファ席やテーブルがあったが、周囲の声なども気にしてしまう性分なので、わたしには使い分けが上手にできず、結果的には自分の席で食べることが多かった。

もうひとつ、うっすらじわじわとつらいなと思っていたのが、窓が少ないことだ。まったくないわけではないのだが、広い空間に対して窓になっている面が少なく、さらに座っている席が窓から遠かったこともあり、なんとも言えない息苦しさを感じた。こんなにたのしく仕事をさせてもらっているのに、なぜオフィスで働いていると落ち着かない気持ちになるのかしばらく言語化できずにいたが、振り返ってみれば窓の大きさと数が影響していたように思う。

さまざまな「恐怖症」の中で、不調や不快感が強くなったときに逃げ出せないかもしれない場所にいることや、誰も助けてくれないような場面で強く不安が高まってしまう「広場恐怖症」という症状がある。自分が広場恐怖症に該当するかどうかはわからないけれど、いつからか逃げられない場所に身を置くことに、ものすごく恐怖を感じるようになっていた。具体的には、入口の扉からものすごく離れていて、かつ窓がない場所である。すぐに気分が悪くなってその場を立ち去りたくなるときもあり、そのたび一緒の場にいる人に気を遣わせてしまう。

デスクでお昼を食べる抵抗感や窓が少ない不安は、仕事に直接かかわることと比べれば、些細な悩みだ。他の人に話しても、きっと「繊細」という言葉でまとめられてしまう。繊細と言われれば、自分が気にしすぎなんだ、自分が普通のラインを超えているんだ、と思うしかない。何度かその言葉が自分自身に向けられたときから、繊細だと思われないようにと、自分の感覚をごまかすことが癖になっていた。今となっては、軽くでも相談すればよかったなと感じている。みんながデスクで食べているから、と無理に合わせようとせずにきっぱりと外で食べると決めればよかったし、窓に近い場所へ自分の席を移動させてもらうこともできたかもしれない。

「書く」という仕事

文章を書くことを仕事にしている人、作家や文筆家の人は、基本的に文章がうまい。今こうやって過去の仕事について書いているわたし自身も、この六社目から文章を書く仕事をはじめ、現在も「書く」ことで生計を立てている。だけど、書くことは好きでも得意ではなく、どちらかと言えば苦手だった。小学校の六年間は図書カードが真っ白なくらいで、本を読むのも好きではなかったし、国語のテストの点数が悪すぎて、家族にバレてはまずいと思い、森永のミルクキャラメルサイズになるくらい答案用紙をちいさく折りたたんで、机の引き出しに隠していた。ただ、小学校高学年になって家族が自由に使えるノートパソコンを買ってもらったときに、一度自分史のような文章を書いてみたり、せっせか大学ノートに日記を書いていたりしていたので、書くことを多少なりともたのしいと感じていたのかもしれない。

中学に上がり、勉強としての「国語」のコツがわかるようになってからは、急に成績が伸び、文章を読むこともどんどんおもしろくなった。高校に進学してからも、いつのまにかいちばん成績がいいのは現代文になっていた。しかし、専攻として「文学」に興味を持つことはなく、志望校を書く際にも文学部が選択肢に入ることはなかった。当時は検察官になりたかったので、迷うことなく四年制の大学の法学部へ進学した。

文学部でもなければ、ウェブ制作会社やメディア運営をする企業の出身でもない。さらに、社内でライターや編集のポジションについているのは、わたしだけである。さすがに基盤がぐらぐらすぎるので、入社して半年ほどはライター養成講座のようなものに参加することで、足元を安定させていった。不安はあっても、仕事にしているのは「好きなこと」である。さらに、求められているのは自分が普段書いているような文章。ライターは本来、自分の色を全面に出した文章を書くというよりは、クライアントに求められたものを納品する立場である。取材記事であれば、ライター本人が前に出てくるのではなく、取材対象者の魅力が伝わる文章を書くのが仕事だ。所属しているのはお菓子の会社だったので、お菓子の魅力を全面に伝えるのがわたしの役割だったが、その伝え方にはかなり自由度があった。ドライフルーツの柔らかさを説明するときには「意外と物腰やわらかい、出張先でおみやげを買ってきてくれる上司のよう」とたとえたり、新作のショートブレッドを「長距離走が得意そう」、抹茶のチョコレートを「人生みたいな味」と言ってみたり。やりたい放題である。最初は「こんな感じなんですけど、ほんとうに大丈夫ですか⁉」と聞いていたものの、「これこれ！」と毎回喜んでもらえ、他のメンバーたちもおもしろがってくれたので助かった。

ただ、「書く」という仕事は多岐にわたる。先ほどのような商品紹介は、オウンドメディアで書いていた記事で、メディアの立ち上げから企画、記事の執筆まですべてひとりでのびのびとやらせてもらっていたが、それ以外にも毎週オンラインストアで発売される新商品の説明文、メールマガジン、紙媒体のライティングが業務として任されている。会社の顔として書く文章、自分らしさを求められる文章、媒体に合う文章。文章を載せる場所に合わせて、日々、同時並行でさまざまな顔をとったりつけたりする必要があったが、「今自分はどのトーンを求められているのか」がわからなくなり、混乱していく。「これってどんなトーンで書いたらいいですか？」と聞くと「いつもの感じで！」「ひらい節で」という言葉が返ってくる。ありがたいのだけど、どれが「いつもの感じ」を指しているのかわからないのだ。

「自分らしさ」を求められている、もしくはそれでいいよ、と思ってもらっている記事が週に最低五本、月ごとの更新のものが一本あったので、一日一本以上作家性を期待してもらっている原稿を書いている状態だった。しかし、立場としては会社員なので、商品の購買促進や、メルマガの開封率の上昇といった結果も大事にしないといけない。書くのは作家としての文章だけど、おもしろい文章を書いたり、PVを上げたりすることは最終のゴールではない。期待された文章を書く自分と、会社員としてのライター・編集である自分にはズレがあった。数字だけを気にしなくていい、と言われていたものの、ただ書けばいいわけではないこともわかっていたし、実際にそうだった。それに今、もし毎日一本エッセイを書けと言われたら、かなりしんどい。自分らしさを出した文章を毎日のように書くこと自体にだんだん疲弊してしまい、「書くこと」そのものが嫌になっていることに気づいた。入社して数か月は書きたくてたまらなくて、たのしくて仕方がなかったはずなのに、半年経つと早くもスランプに陥っていった。

それでも、この仕事を通じて得られたもの、救われたことはやまほどある。社長のHさんがｎｏｔｅの文章を読んで「おもしろい」と思ってくれなければ、自分の人生に「書くこと」が仕事になるシーンは登場しなかったかもしれない。メディアやメルマガの文章に関してはたびたび読者の方が記事の感想を伝えてくださり、自分の文章が誰かに届いていることのうれしさを直に感じることもできた。食べもののライティングだったので、いかに「おいしい」と書かずに「おいしい」ということが伝えられるかを常に考えていたから、表現の幅を広げる点においても、かなり鍛えられたと思う。また、紙媒体のライティングにも携わっていたことで、入稿までに間に合わせるためにぎりぎりの締切をこなす度胸もついた。取材日の当日に原稿を書き上げたこともあり、タイトなスケジュールで進める耐性も自然と身についた。なにより、こんな癖のある文章をおもしろがってくれて、「そのままの感じで書いてほしい」と雇ってくれる会社があること自体に、大きく救われた。会社のメンバーたちは最初の読者で、心強い存在だった。隣の席のKさんはすぐに読んでは「ここがめっちゃ最高」と言ってくれ、入社するきっかけとなった友人のIくんも、にやにやと笑いながらたびたび感想を伝えてくれていた。

甘いものが食べられない期

「お菓子」とは言っても、焼き菓子もあればチョコレートもあるし、米菓、ドライフルーツ、生洋菓子、和菓子などさまざまな種類がある。わたしはかなりの偏食だが、お菓子ならなんでも好きだった。そう、「好き『だった』」なのだ。入社してから、はたと気づいた。身体が、甘いものを受け付けなくなっている。正確にはもらえれば「やった〜」とうれしい気持ちになるし、食べる。でも、「今はちょっと気分じゃないかも……」という違和感が、常に心の奥底にある状態だった。

これまでも、味覚が変わった経験は何度もある。苦手だと思っていたパクチーやセロリ、なすは大人になってから克服し、最近では自分でわざわざ買うほどだ。あまり食べなかったラーメンを二十代後半から頻繁に食べるようになったり、一時期苦手だったドーナツが食べられるようになり、毎朝のようにチョコがけのオールドファッションを食べていたこともある。だから、大人になると味覚は変わるものなんだな、と理解はしていた。だけど、お菓子を食べなくなる日が来るなんて、思いもしなかったのだ。お菓子の中でもしょっぱい味のものや、和菓子、ケーキやゼリーのような生洋菓子は変わらず好きだったが、クッキーやパウンドケーキといった焼き菓子だけは、なぜか以前よりも食べられなくなってしまっていた。

　この事実が発覚したのは、入社して数か月後、試作品を食べていたときである。特に焼き菓子は人気商品で、毎週発売する新商品には必ずと言っていいほど焼き菓子が含まれていた。数週間後に発売される新商品の試作をいくつかもらい、デスクに置いておき、文章を書く前に食べる。そのとき、焼き菓子だけになかなか手が伸びていないのではないか、とふと気づいたのだ。お菓子の会社に入ったのに、お菓子が食べられなくなっているなんて、まずすぎる（お菓子はおいしい）。使っている原材料の説明などももちろん要素としては大事なのだが、味がわからないお客さんに向けて、その新作のお菓子がどんな味でどんなふうにおいしいのかを伝えるには、やはり一口でも自分で食べた方がいい。スタッフの誰もが新作のお菓子をすべて食べられるわけでもないなか、わたしはいちばんいろんな種類のお菓子を食べさせてもらえる立場にあった。にもかかわらず、焼き菓子が苦手になっているとは……。焼き菓子たちだって、気が重そうな顔をしながら口の中に入れようとするわたしのことを見て、「おい！　もっとうまそうに食ってくれよ！」と思っていたに違いない。「わたし自身お菓子が好きです」と面談では言っていたのに、今さら「焼き菓子は無理になっちゃって〜」と言うわけにもいかない。食べものの仕事にかかわれるのはうれしい。おいしいものを食べて、その魅力を伝えることが仕事になったのは、夢のようだ。だけど、仕事である以上「食べたくないときでも食べる」場面は必ず出てくる。それはきっと、飲食店で働く人たちの多くが経験しているだろう。食べることが好きで、文章を書くことが好きでも、少なからず大変なことはあるのだな、と知った。

偏りをはかる

出勤時間が遅めで、一緒に働く人たちとも気持ちのいいコミュニケーションがとれ、仕事も好きなことができている。しあわせだ。初めて、この仕事は何年も続けられたらいいな、と思った。友だちに話すと「とか言いながら今までもすぐ辞めてたじゃん」と言われたが、「今回ばかりは違う！」と強気に反論する。もう、しばらくは転職したくなかった。それにおそらく、これ以上自分にとって居心地よく働ける会社はないだろう。窓が小さいとか、デスクでごはんを食べたくないとか、甘いお菓子があまり食べられないとか、ちいさな気がかりはいくつかあったとしても、そのくらいの悩みならどこへ行っても必ずなにかしらあることを知っている。六社も働くと、悩みの種がこの会社特有のことなのか、共通することなのかだいたい想像がつくのだ。ここを辞めたら、あとがない。だからと言って独立するという選択肢もない。先のことをちまちまと心配する性分なので、収入が不安定なフリーランスにはぜったい向いていない、と自覚していた。

ところが、心より身体から先に不調がくる体質のせいで、入社して十一か月が経つ頃ぐらいから、次第に仕事がうまくいっていないことに気づかされる。もともと胃が弱いにしても、通常運転の範囲ではない胃痛と吐き気が何日も続いた。最初は有給を使ったりリモート勤務にしてもらったりして様子を見ていたが、何日もこの状況で働くわけにもいかず、胃腸科の病院を受診する。症状を伝え、薬を処方してもらったが一週間経っても改善される気配はない。変わらないのであれば胃カメラをしましょう、と言われ、後日内視鏡検査をすることが決まった。

三十歳前後で上下（胃と大腸）の内視鏡検査をコンプリートするとは思わなかった。大腸の内視鏡よりは抵抗感は薄いが、できればやりたくない。当日、全身麻酔をかけてもらい、チューブのようなものを口に入れられると、異物が喉の奥に入ってきたことで「オエーーーッ！！！」とえずいてしまい、遠のく意識の中で先生の「あれ、まだ麻酔あんまり効いてなかったかな」という声がかすかに聞こえる。ちゃんと麻酔打ってくれ〜！　と思っていると、いつのまにか終わっていた。結果、胃潰瘍やその他の病気の可能性はないとのことだった。内視鏡検査のような身体的負担のある検査をやるたび思うことだが、問題ないということを確かめる代償がでかすぎる。胃の調子が悪くて検査をしているのに、ますます気持ちが悪くなった状態で帰宅した。

一度不調になってしまうと回復するのはなかなか難しい。毎日文章を書かなければならないので、ときどき休みながら仕事をする日々を一か月続けていた。コロナ禍ではあったけれど、当時の会社は一段ギアを上げ、スピードを持って進めていきたい時期に入っていたため、なるべく出社し、メンバー間でコミュニケーションをとることが求められていた。内心、このままリモートで働き続けられたらいいなという気持ちもあり、もしかしたら業務委託という立場で関わり方を変えられた方がいいのかもしれない、とうっすら考えはじめる。業務委託であれば出社義務はなくなるだろうし、仕事で感じているつらさも軽減される可能性がある。前提として会社を辞めたいとは考えておらず、この会社で働き続けたい、仕事を続けたい、という気持ちがずっと残っていた。ただ、社長と面談をすることになり、自身の考えを伝えると「ひらいさんの不調の要因が仕事にあるとしたら、このまま働き続けても体調は良くならないと思うんですよね」と言われ、「たしかに……」と納得する。休職する選択肢もあることは前々から伝えてくれていたが、それを選ばなかったのはわたし自身がいちばん「休んだからといってどうにかなることではない」とわかっていたからだ。次、ほかの仕事を探そうと思ってもうまくやれる自信がないことを社長にうっすらと伝えると、退職前の最後の一か月は引き継ぎメインで、転職活動にも時間が割けるように調整してくれると言う。入社前から辞める最後まで、気を遣ってもらいっぱなしである。体調不良で有給をほとんど使ってしまっていたので、その申し出はものすごくありがたかった。

この会社を辞めたら、フリーランスで頑張るという選択肢しか残っていなかった。これ以上自由に働かせてもらえる環境は、どこへ行ってもないだろうし、あってても今やっている職種につけるとは限らない。もっと自由に働ける環境を求めるとしたら、フリーランスになるしかないのだ。だけど、不調の原因は「会社で働くことがなんだかつらい」というなんともぼんやりしたものだったので、フリーランスになるにしても、もう少しつらさの原因を細分化したい。そこで、今度は心療内科を受診することにした。胃の不調に効く薬と、落ち込む気分を抑える薬を処方してもらいながら、不調の原因について先生に話してみる。すると先生から「ＷＡＩＳという知能検査を受けてみませんか？」という提案をされた。ＷＡＩＳは世界共通で定められている知的発達の水準と比べて、自分の特性がどのようなところに表れるのかを確かめる検査である。これを受けることで、もしかしたら仕事を進める上で大変だと感じていた原因が、わかるかもしれないのだそうだ。一度は発達障害かもしれない、と別の心療内科の先生に言われたことがあったが、具体的に自分がどんなことを不得意としているのかは理解できていない。今後のためにも受けた方がよさそうだなと、後日検査をすることが決まった。

検査の指標は、「言語理解」「知覚推理」「ワーキングメモリー」「処理速度」の四つと、総合的な指標で評価される。検査の中で語彙チェックのような問題を出された際、全体の半分ほどしか答えられるものがなく、「文章を書く仕事をしていることはぜったいにバレないようにしないとな」とひやひやした。ちなみにこの検査は、普段薬を処方してくれる心療内科の先生とは別の専門性を持った先生に行ってもらう必要があるため、わたしの通っていた病院では一か月以上先の日程から予約が可能となっていた。さらに、検査の結果が出るのも先だったので、実際に結果を聞くことができたのは退職してから二か月後だった。ようやく検査の結果が出たとのことで病院へ行くと、自分自身で自覚していたこと、無自覚だったことが明らかになった。自覚していたのは、「不注意」である。算数の問題で四度の聞き返しがあり、不注意の傾向があるとのことだった。自分でも意外だったのは、それぞれのＩＱはすべて平均、もしくはそれ以上ということだ。ただ、視覚情報と聴覚情報の処理能力に大きな差があることで、「できないこと」を自分の中で顕著に目立って感じてしまうのだと言う。たしかに、「当たり前にできること」を自分の標準だと思い「できないこと」を比べようとして、「なんでこれだけはうまくできないんだろう」と落ち込むシーンが多々あった。さらに、新しくわかったのが「瞬間切迫環境」が強いストレスになる、ということだ。検査の中には、時間制限のある問題と、自分が解き終わるまで取り組んでいい問題があった。時間制限のある問題をやっているときには、途中からなにもかもわからなくなって嫌になったり、ぜったいわかるはずなのに、焦って答えられなくなったりすることが何度も続いた。時間制限があると、「不注意」の特性と合わさってミスが増える。そうすると、よけいに自己嫌悪に陥ってしまう。

振り返ってみれば、会社で働くなかでもっともつらいと感じていたのは、「瞬間切迫環境」の中で仕事をすることだった。それはお菓子の会社に限らず、他の会社でもそうだった。会社員として働いていると、どうしても「これ今日できる?」「急なんだけどこれ明日中にお願いしたい」とかなり短い期限で仕事を依頼されることがある。オフィスに出勤していれば、その場でコミュニケーションをとれるから、ぱっと頼まれやすい環境なのだ。このとき、依頼内容の難易度は関係ない。とにかく「短い期限」であればあるほど、強いストレスを感じてしまう。事前に期限があまり長くないとわかっていればまだいいのだが、その場で「今日やって!」と言われる依頼がとにかく苦手でたまらなかった。もちろん誰でも急な依頼は嫌だろうし、好きな人はいないだろう。ただ、そのストレスが他の人よりも極端に強く出やすい、というのが今回のわたしの検査結果に表れているようだった。

その点、フリーランスや業務委託は急な依頼を頼まれることが基本的にない。

性格的には会社員で働く方が合っていると思っていたけれど、特性的にはフリーランスの方が向いているのだということがわかった。これはわたし個人の感覚だが、フリーになる人は、前職の仕事を業務委託で受けていたり、一部の業務を引き継いでいたり、個人として仕事をもらっている人が一定数いる。一方でわたしは、前職を業務委託で続ける選択肢がない状態でのスタートだったので、新たに仕事をもらうしかない。幸い、夫ののぞむくんが先にフリーランスの編集とライターとして独立していたので、根拠はないけどなんとかなると思うことにしていたが、あてはなかった。

退職日が近づいてきてから、フリーランスライターとして独立することをSNSで発信してみることにした。すぐに仕事をお願いしたい、という人は現れなかったが、友人が拡散してくれたり、応援の言葉をかけてくれたりすることで、前向きな気持ちを持つ余裕が少しずつできてくる。とは言え、いきなりフリーの仕事だけで生活できるようにはならないとわかっていたので、別の仕事も同時にはじめようと、これまでの六社を振り返ってみることにした。どんな仕事がたのしかったか、どんな働き方が向いていたのか。そのどちらの要素も揃っていたのは、倉庫のバイトだった。倉庫で働くのが好きだし、バイトという働き方であれば、会社員のときのように並行して短い期限の仕事をいくつもこなさなければならないこともないはずだ。また、会社員としてライターをしていた頃は、とにかく考える時間、文章を書かない時間が欲しくてたまらなかった。毎日なにかしらを書いていると、どんどん自分の文章がうすっぺらくなっていくような感覚になる。文章と、考える時間はセットなのだとわかってから、フリーでは必ず文章以外の仕事をしようと決めていた。それなら、倉庫のバイトがベストかもしれない。例によって気になる会社、自分の好きなブランドなどのサイトの求人ページをいくつか覗くと、ちょうどとある会社が倉庫のバイトを募集していた！　しかも住所を見るに、川に近そうである。ここだ！　他の会社ではピンとくる倉庫のバイトを見つけられず、この一社だけに応募することにした。

七社目

ライター・作家
（フリーランス）←
「社」ではない
ですが……。

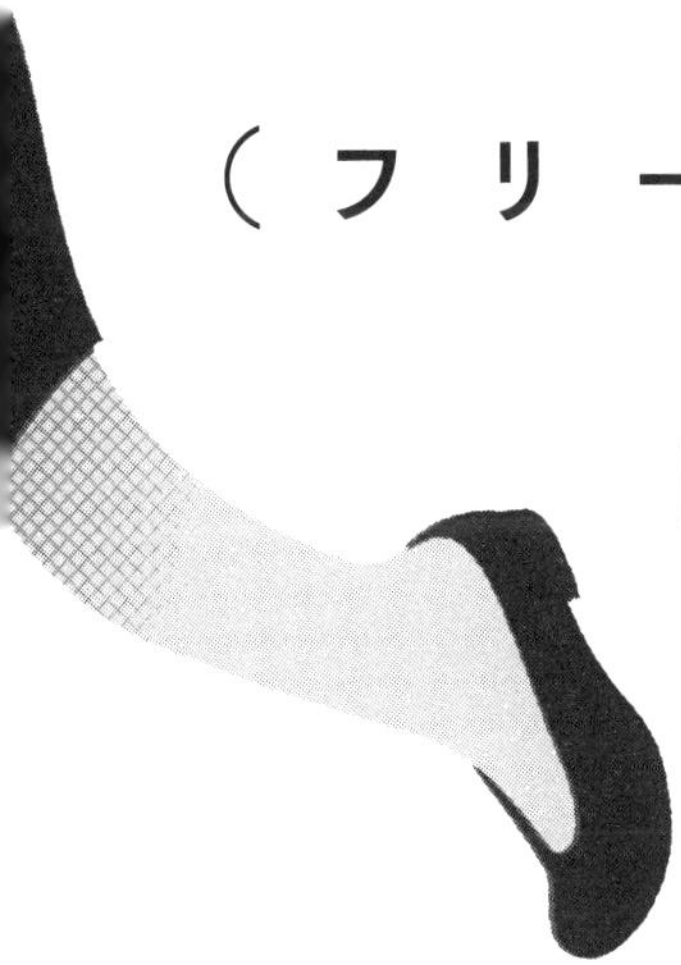

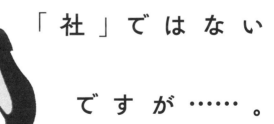

倉庫バイト・リバイバル

六回も転職すれば、初めて就職活動をしたときのような過度な緊張をすることもなくなる。ましてや、アルバイトの面接だ。比較的気楽な気持ちで面接会場であるオフィスへ向かうと、扉を開けた瞬間、穏やかさの中にピシッとした空気が漂っていた。ホテルのベッドのシーツのように、整然とした隙のなさを感じる。案内された会議室へ進むと、なんと面接官が三人もいた。三人！　最多である。いや、これまで三人から面接されたことは、そういえばあった。でも、なんだろう。ふざけたことを言えない緊迫感がある。面接なのでふざけたことを言うつもりはないが、なにかひとつでも間違えたことを言ったら、お灸の鍼みたいなのがプスッと飛んできそうなのだ。面接慣れしているはずなのに、あきらかに緊張しているガチガチのトーンで受け答えをしてしまう。「こんなに転職しているのはなぜですか？」と言われ、（わたしもなにがなにやら……）と思いながら、頼りない声でなんとか言い訳じみた理由を伝え、終了。これまででもっとも緊張感のある面接だった。

結果は、採用だった。なにがなにやら……。ともあれ、また川沿いの倉庫で働けるのだ。やった！　これで、ひとまず働き口はひとつ確保できた。仕事が全然こなければバイトのシフトを増やすことで収入は得られる。ライターの案件も探せばなくはないのかもしれないが、「一文字○円」と書かれているような仕事だけは、やらないと心に決めていた。転職を繰り返して、仕事を選ぶ上でいちばん大事だと感じたのは、「自分がみじめにならないかどうか」だと気づいたからである。いくら条件が良くても、いくら好きなことを仕事にすると言っても、みじめな思いをして続ける仕事は、長い目で見てマイナスになる。「一文字○円」の仕事に抵抗があったのは、「一文字」には価値がないと考えていたからだ。百歩譲って一文ならまだ理解できそうだが、一文字一文字に金額をつける感覚は自分の文章に対する価値観と相容れないと思った。それなら、時給に見合った仕事として納得できるバイトをする方が、ずっと健康的である。

倉庫のバイトは、なんだかんだはじめて一年以上が経っている。これまでの社歴の中では、最長記録かもしれない。一度だけ、仕事を続けるか悩むビッグ・ニュースが倉庫内を走った。倉庫の移転だ。川に架かる橋を渡りながら出勤していたのだが、なんと同じ最寄駅のエリア内で、別の倉庫へ移転をすることが決まったのだ。ガーン。駅からは少し歩かなければいけないし、コンビニは遠いし、自販機は現金しか使えない。休憩スペースのエアコンはいつも寒すぎる。トイレが暗い。不便に感じることは、いくつもあった。だけど、川があるからオールオッケーだった。川のない倉庫でバイトをする人生。川は今も同じ場所で流れているけれど、見えなければないも同然なのだ。移転先の倉庫は、トイレも以前よりは使いやすいし、休憩スペースは広くて快適。コンビニも近くにある。でも、川はない。仕事がたのしいのでいつのまにか続いている。でも、通勤路に川はない。もしまた働いている間に移転することがあったら、また川沿いを検討してもらいたい。

働き方革命

会社を辞めて数か月は、朝起きたい時間に起きて、十時過ぎにお皿を洗いながら「あれ、わたしここでなにしてるんだっけ？」と不思議な気持ちになった。毎日通う場所がなくなるのは、人生で初めてだった。新型コロナウイルスが流行しはじめた最初の一年も出社を求められる会社にいたし、六社目も基本的にはみな出社をしていたので、なんだかんだフルリモートを経験していない。さらに、通う場所がないだけでなく、今日必ずやらなければならないことがあるわけでなく、なにをするかは自分で決めていい。締切さえ守れば、他の日の時間の使い方は自由なのだ。忙しくなってくると、スケジュール管理が大事になるが、終わらなければ休日に働くこともできる。

文章を書くときに必要なのは、「文章を書いている時間」だけではなく、「書く内容について考える時間」「書いた文章のことを考える時間」である。『整体対話読本　ある』の中で、「創造性には時間がいる」と書かれていた。そうなのだ。

書いている時間だけが、文章を作るわけではない。書くテーマや問いを深めることはもちろん、文章を直したり、推敲したりするとき、考えることと書くことは常にセットなのである。これまで「書くこと」が好きだと思っていたけれど、わたしはきっと「書く」に伴う「考える」という行為が好きなのだと思う。

ところが会社員として働くとなると、のんびり考える余裕はない。限られた勤務時間の中で、雑務とライティング、編集業務をこなさなければならない。やることが多ければ多いほど、考える時間はどんどん削られていく。フリーランスは、締切さえ守っていれば、時間の使い方は自由だ。土日ももう少し働きたいなと思えば、わざわざ会社に申請する必要もない。二週間考えて、一日で原稿を書いたっていい。実際のところ、働きやすい働き方は、人によって違うのだろう。しっかり丸二日休みがあったほうがいい人、平日に休みたい人、休みたいときに休みたい人。規定が決まっている会社員の頃は、そもそもどんなスタイルが合うか考えたこともなかったけれど、もっと自由に働き方が選べるようになったらいいのになあ、と思う。

やってみたいことを、やってみる

六社目の頃に、ウェブメディアで食べもののエッセイを五回分書いてみないかと、古くから親しくしてくれている方が、声をかけてくださった。「やりたいです！」と即答し、連載がはじまる。すらすらと書けるときもあれば、何週間も初稿を読み返して頭を抱える日もあったけれど、なんとか五回を無事終えることができた。

安堵感もあったが、終わった後に感じたのは、どちらかと言うと名残惜しさだ。月に一本、食のエッセイを書くことが、たのしみになっていたのだ。それに、食べものにまつわる話だったら、まだまだ書ける気がしていた。会社を辞めることも決まったし、フリーになって最初の一年は、きっと時間の余裕もあるだろう。連載のエッセイの掲載許可をいただき、新たにエッセイを書き下ろして、一冊のＺＩＮＥにしてみよう、と思い立った。以前から興味はあったけれど、できなかったことのひとつだ。

しかし、作り方がよくわからない。装丁も本文デザインも含めてひとりでやっている人も多いけれど、一体どうやって作っているんだろう。出版社でも本屋でもバイトしたことがあるのに、本一冊をどうやって作るのか、なにも知らなかった。とりあえず印刷会社を調べる。いちばん安いところを探すと、よさそうな会社が見つかる。それにしても、会社によって印刷代の差がすごい。次に、装丁をお願いしたいイラストレーターさんに勇気を持って連絡してみる。すでに商業出版の装画を多数担当されている方だったので、半ばだめもとだったが、なんと引き受けてくださるとお返事をくださった。正直なところ、他の方にお願いすることは考えていなかったので、ほんとうにありがたかった。それ以外にも決めなければいけないことがいろいろありそうだが、最低限の準備はできた気がするので、あとはひたすら書こうと思っているテーマのエッセイを書くことにした。フリーランスになってすぐ、仕事があまりなくても暗い気持ちになったり、落ち込んだりしなかったのは、「そんなにすぐに仕事が得られるわけじゃない」と割り切っていた気持ちもあるが、やってみたかったことをやっている高揚感と、毎週なにかしら書く文章があったおかげだと思っている。

フリーになって二か月が経つ頃には、徐々に仕事が増えはじめた。書き下ろしのエッセイもその時期には書き終わり、タイミングよく本の準備が整った。ライターの仕事が忙しくなっていく中で、こまごまとした最後の準備を進める。装丁の入稿データをいただいたので、次に決めなければならないのが印刷部数である。みんな、何冊刷ってるの……⁉　聞きたいけれど、聞くのは失礼な気もする。印刷会社を探しているときもそうだったが、誰かが苦労して手に入れた情報を、簡単に聞くのはずるいかもな、とつい思ってしまう。こちらが聞かれる分には全然構わないし、こうやって本にも書いているのだけど、自分からはなかなか聞けない。ものすごく素敵な装画を描いてもらい、ページ数もＺＩＮＥのつもりが百八十頁超えになっている。ウェブメディアの連載記事や、ｎｏｔｅで過去に書いたたまごシールの記事も、読者の方々からの反応はよかったことを考えると、百部は売れるのだろうか。百？　全然わからない。だけど、印刷部数を増やせば増やすほど、一冊あたりの原価が下がることだけは、わかった。

定価は先に決めていた。自分が他人だったら、いくらで買うか。このページ数で判型で、この仕様なら、きっと税込一五四〇円だろう。すると、百部ではとても本屋さんに卸せない原価になってしまう。無名の作家なのに、いきなり自力で百部売ろうとするのは現実的じゃない。となれば、本屋さんへ卸すときの価格も考慮した原価にする必要がある。何度かシミュレーションをしてみた。三百部がベストだった。いやいや〜。三百部は売れないでしょう。売れるか……？　部数を決めるのが、いちばん悩んだことかもしれない。結局、三百部刷ることにした。細く長くでも、売れればいいなと思いながら。

その後はサンプルのチェックで本文デザインをお願いしていた友人に何度も微調整をお願いし、無事入稿となった。その間に、お取り扱いをお願いしたい書店さんへ連絡をするため、エッセイのサンプルデータと、本の概要をまとめたドキュメントを作成する。連絡する書店さんによって、送付するエッセイを変えた。できる限り重たくならないように、どうしてその書店さんでお取り扱いいただきたいかの理由も一言添える。一方で、どんなに好きな書店さんでも、お店の雰囲気に合うイメージがわかなければ、やみくもに連絡はしない。このときも「あー、みんなどうやってやってるのかなあ」と思いながら、試行錯誤していた。

すべての準備が整い、刷り上がる少し前に書店さんへメールを送ると、続々とお取り扱いしてくださるとのお返事が届く。本書でたびたび出てくるコンゴ支援のためのイベントを主催していたときは、出店のご依頼を送ってもだいたい半数くらいには断られてしまっていたが、今回は体感として九割強のお店からお取り扱いくださるとご連絡いただき、驚いた。自分が商品を売り込む側なので立場は違えど、いきなり聞いたこともない作家の本を仕入れてくださるお店がこんなにあるとは思ってもいなかったのだ。自分のオンラインストアでも販売をしようと考えていたので、その準備も進めていく。本屋さんだけの取り扱いにしてもよかったが、なるべく購入してくださった方には、一筆だけでも自分の言葉で感謝の気持ちを伝えたい。書影や価格などを登録し、刷り上がりに備えた。

正直なところ、印刷部数も、価格もどんぶり勘定で決めていた。収入の足しにするために本を作っていたわけではなかったので、赤字にさえならなければいいという気持ちだった。発売後、自分でも想像していないスピードで本は手元から離れていき、誇張ではなく毎日全国の書店さんからお取り扱い希望のご連絡をいただき、三週間で三百部の在庫が空になった。なにが起こっているのか、自分でもわからなかった。最終的には、一年も経たないうちに三刷分も在庫がなくなり、予想していないことが何度も起こる日常が続いた。

もし会社員のまま、本を出していたと考えると、ぞっとする。毎日本屋さんやオンラインの注文分を発送して、会社へ行って、残業して、夜遅く帰ってきてまた梱包して……。なるべく最初にうかがう都内の本屋さんには直接納品するようにしていたので、出勤していたらそれ自体が不可能だっただろう。なぜこんなにたくさんの方のもとに自分の本が届いたのか。ひとつは、本をつくる過程の中で、文章を書くこと以外はすべてそれぞれのプロにまかせた、ということだと思っている。わたしは美術的センスが壊滅的である。どの程度かというと、高校生の頃、先生から借りたくじらの写真集を見ながらくじらの絵を描いていると「ひらい、なに描いてるんだ?」と先生に真顔で言われたくらいである。友だちには「カービィ?」と言われた。くじらです。そんなわけで、装丁と本文のデザインデータの制作は、自分ではぜったいにやらないようにしようと決めていた。泣くのはわかっている。もうひとつは、書店さんの発信力だ。ありがたいことに、取り扱ってくださっている書店さんの多くが、自分の作った本をSNSで薦めてくれていた。ある書店さんの投稿を見た別の書店さんが、連絡をくださったことも数えきれない。本の実態であるエッセイそのものがいいかどうかはわたしが判断することはできないけれど、まぎれもなくかかわってくださっているプロの方々のおかげで、たくさんの人のもとへ届いたのだと感じている。

転職の数だけ人生の味方が増える

ものすごく近くで見ると、円満退社とは言い切れない会社もあったが、めちゃくちゃに揉めて辞めたことがなかったせいか、いまだにそれぞれの会社で一緒に働いていた人と会うことがよくある。二社目の人材の会社には同期がたしか六十人くらいおり、わたしのように一年目に辞めた人も少なくなかったけれど、今も一年に一回ほどは同期会が開催されている。行くたび「ひらめって〇〇の会社だよね？」と聞かれ「そこは二年前に辞めてて、そのあと△△に転職して××」と訂正するのが恒例である。このときだけ、転職しすぎなんだな、と一瞬だけ反省する。

一社目の倉庫のバイトの先輩も、そのあとの職場でも、仲良くなった人たちとは一年に一回程度、ごはんを食べたりお酒を飲んだりする。もし一社目の倉庫のバイトだけを続けていたら、もし二社目の人材の会社で営業の仕事を今もしていたら、そのあとの転職先で出会った人たちとは、一生かかわることがなかったかもしれない。仕事で親しくなるのは、「学校のクラスが同じだったとしても、仲良くならなかっただろうな」という人が多い。年齢の違い、住んでいた地域の違いを差し置いても、ただ同じ教室にいるだけでは距離が縮まらなかっただろうなと思う。会社では、社員全員と仲良くなることではなく、会社から求められた結果を出すことがゴールなので、そのために必要であれば、自然とほかのメンバーへ話しかけにいったり、コミュニケーションをとったりする機会が生まれる。半ば強制的に誰かとコミュニケーションをとらなければいけない場面は、仕事以外だとそうそうない。だからこそ、仕事を通じて、普段だったら仲良くならなかったかもしれない人たちと、親睦を深めることもできるのだ。自分ほど転職を繰り返している人はなかなか身近にはいないけれど、この五、六年で、かつて一緒に働いた同僚たちも、ほかの会社に転職する機会が増えてきた。そうなれば、もはやその同僚と自分に共通するものはなにもない。過去に過ごした時間の重なりだけである。わたしも、かつての同僚たちも、違う場所で働き、悩み、それぞれのライフステージに進む。それでも、一年に一度顔を合わせれば、友だちとも家族とも違った安心感を抱きながら、会話ができる。転職をするのは毎回それなりに大変だが、それぞれの会社で出会えた同僚や先輩は、かけがえのない存在だ。

フリーランスの生活と占い

自分がフリーランスで食べていけるとは到底考えられなかったけど、同時になんとかなるだろうと楽観的な気持ちでもいた。そして実際、二年目の今もなんとかアルバイト以外の収入だけで生計を立てられるようになっている。独立したての一か月は自己応募した案件もいくつかあった。そしてそのどれもが、受注に結びつかなかった。条件も、納得のいくものではなかった。結果、今請けている仕事は、自己応募ではなくほとんどが家族や友人からの紹介、知り合いや友人からの依頼である。いちばん最初に仕事をくれたのは、前職の同僚で、その次にくれたのは、前職のユーザー、つまりお客さんだった。その後も夫ののぞむくん経由で仕事をもらったり、前々職で働いていた会社、前々々職で働いていた書店からお仕事の相談をいただくようになっている。転職したことがフリーになってからプラスに働く機会も少なくなく、ありがたい。

個人で作っている本も順調に売れているし、ライターの仕事も新しい会社から相談をいただくことが徐々に増えている。はたから見たら、ものすごく充実した生活を送っているように見えるだろうし、実際そうなんだろう。フリーになって二年目、二冊目の個人誌を出すと、初売りの文学フリマではイベント終了時刻の一時間以上前に、持っていた分のすべてが完売した。その後のオンラインでも、初版分が一週間で売り切れた。ところが、なぜか誰にも言えない苦しさが、ずっと胸の奥に横たわっていた。なにをやっているんだろう。好きなことしかやっていないはずなのに、つらくてたまらなかった。去年とは、まるで違う。右も左もわからない状態の不安ではなく、期待に応えられるか、というプレッシャーによるものだった。喜ぶより先に、身体と心がびっくりしてしまったのだと思う。

このままでは、いきなりすべてがだめになってしまいそうだったので、友人に占いで今の自分を見てもらうことにした。友人のOさんは、以前会社を辞めるかどうか迷っていたときに、手相と琉球推命で占ってくれていたのだが、占いというよりはカウンセリングのようだったのだ。そのときに「三十一歳に夢が叶うと同時に、五年間体調を崩す」と言われていて、ちょうど三十一歳になったばかりなので、気になっていた。事前に手相の写真を送り、オンラインで画面をつなぐ。Oさんは、言葉選びに悩んでいるようだった。また悪くなっているんだろうか。どうやら、夢は叶うらしい。体調も、以前よりは良くなっているらしかった。しかし、好転していることばかりではないようだ。「不調の五年間が二、三年になってるね。ただ、生命線が短くなってるんだよなあ」と、Oさんは言った。なんと、寿命が短くなっている。それなら五年間体調を崩す方が、まだマシかもしれない。マシか？　タロットカードでも占ってもらい、すべての結果から「ペース配分がおかしい」「やりすぎ」と言われ、ようやく理解した。フリーランスには上司もいなければ、労働環境を気にしてくれる人事もいない。「無理をしている」と声をかけてくれる人がいないと、いくらでも無理ができてしまう。Oさんに占ってもらったことで初めて、働きすぎな自分を認めることができた。フリーランスで上司がいなくて、仕事についての悩みを誰かに聞いてもらいたいときは、信頼のできる占い師の方に相談するのがおすすめです。

そこから生活を改善しているかと言われたら、「うーん」という感じである。

そうは言っても働かなければ生活できないし、また新しい本だって作りたい。ただ、ひとつルールを作った。友だちの誘いを仕事で断ることはしないこと。土日も働かないと仕事が終わらないから、と誘われても断ることがこれまでに何度かあったが、「仕事で疲れて出かけたくない」ではなく、「仕事をしたいから遊ばない」は良くないなと気づいたのだ。生活のための仕事とは言え、その友だちと過ごす時間だって、人生であとどのくらい残されているかわからない。仕事はあくまでも、人生をじゅうぶんに生きようとすることの一部なのだ。そう考えるようになってからは、以前よりも生活を大事にした働き方がちょっとずつ実践できている。これで少しでも生命線を伸ばしたい。

肩書きは書かない

これまで、肩書きを求められるとできるだけ逃げるようにしていた。「肩書きはなんですか?」という質問が投げかけられるたび、十数秒の沈黙を貫く。子どもの頃は、一年ごとに学年が上がっていった。三月三十一日までは「小学六年生」だった肩書きが翌日には「中学一年生」に変わる。大学を卒業してから就職せずアルバイトしていたときは「フリーター」、就職してからは「リクルーティングアドバイザー」。転職するたび、わたしの名前の前にのっかる言葉は「書店員」「事務局スタッフ」「ウェブメディア編集長」と変化していく。

わかりやすい言葉は、ときに必要である。特にフリーになって、幅広いジャンルのメディアで記事を書かせていただくと、記事を書くのはライターだけじゃない、料理家、医師、フォトグラファー、心理学者、大学教授などさまざまな職種の書き手がいることを知る。記事の内容によるが、そういったときに肩書きを明かすことは、読者の安心感につながる。また、初対面の人に「なんの仕事をしているんですか？」と聞かれたときに、まわりくどく説明するよりも「ライターです」と一言で答えた方が、その場はおだやかに収まるだろう。

ただ、肩書きは「自分を表す名刺」ではないと思ったのだ。肩書きによって、初対面の人、世間からの目が違うなと感じるシーンは、幾度もあった。フリーターのときは勝手に夢を追いかけている若者と思われていたし、書店員のときは「その年齢でバイトなんですか？」と同い年で初対面の人に言われた。フリーに転身後、職務経歴書に「ウェブメディア編集長」と書くと、さまざまなウェブメディアから編集者としてかかわらないか、と転職サイト経由でオファーをいただいた。わたしの実態や中身は変わらないのに、肩書きひとつで周囲の接し方が変わるのは、つくづく不思議である。

「転職をする」ということは、言わば「これまでの肩書きを捨てる」行為だ。倉庫のバイトから大手企業の正社員に転職をしたとき、倉庫が並ぶ川沿いのまちで、昼休みは川に行き、帰りはアイスを食べながらぶらぶら歩いていた日常が、ある日を境にオフィスカジュアルの服にパンプスで高層ビルに囲まれたオフィス街を駆け抜ける生活に一変した。自分で選んだことだ。自分が望んだことだ。でも、どちらも同じ自分だったはずが、背負わされる肩書きが変わっただけで、自分自身まで別人になってしまったようだった。ひょっとすると、いくつもの肩書きを捨てることで、自分がなにをしても自分であることを、たしかめたかったのかもしれない。

いつ、どんな理由で辞めてもいい

友だちには、いつのまにかふざけて「転職のプロ」と呼ばれ、転職の相談をたびたび受けるようになった。悩みとしてよく聞くのは、「辞めたいけど辞めるべきか」である。わたしは辞めたいと思った瞬間に転職サイトを開くし、いつ辞めると言うかをその時点で考えはじめる。唯一、六社目のお菓子の会社は例外だったが、基本的には「辞めたいと思ったら辞める」としかアドバイスできない。「次のボーナスが出たら」「同じ部署に新しい人が入ってきたら」「入社して三年経ったら」など、辞めたいのに働き続けているという状況も耳にする。そこには「なんとなく続けた方が得そうだから」や「せめて辞めるなら周りに迷惑をかけないように」といった理由が足を引っ張っているのだろう。だけど、辞めたい仕事を続けて得することは、なにもない。つらいだけだし、自分の人生を切り売りしてしまうことになる。それに、辞めても迷惑をかけない、ということはまずない。人が退社することで少なからず調整が発生する。ただし、自分が辞めてもなんとかなるのだ。どうせ得しないし、誰にも迷惑をかけずに退職することなんてできない。だったら、次の仕事を探しつつ、円満に退職できるように引き継ぎをしっかりすることの方が大事なんじゃないか、と考えている。

フリーになるかどうかで悩んだとき、ある本の言葉に背中を押してもらい、独立を決めた。

〝ではなにをするために人は生まれてきたかというと、私は、それぞれが自分を極めることだと思っています。人がその人を極めると、なぜか必ず他の人の役に立つようになっています。そんなふうに人間というものはできているんだと思います。〟

吉本ばななさんの、『おとなになるってどんなこと?』(ちくまプリマー新書)に書かれていた一説である。初めてコロナウイルスに罹り、ホテル療養のお守りにと、リュックに詰め込んでいた一冊だった。終身雇用制度により、新卒から定年まで一社で勤め上げるのが当たり前だった時代から、まだまだ業界によって差はあれど、誰もが転職をしやすい社会になってきた。それでも、いろんな職に就くより、ひとつの職種で長く経験を積むことの方が良しとされているように感じている。だけど、ほんとうに極めるべきは、職業ではなく「自分自身」なのだ。先述の一節と出会ってから、わたし自身にも社会の「こうあるべき」という価値観が、知らず知らずのうちに浸透していたことに気づかされた。

自分自身を極めるのは、容易なことではない。まず自分がどんな人間なのか、本人が正しく認識していないといけない。嘘はつけない、ということだ。今セールスをやっているから、と人前で話すのが苦手なのに「話すのが得意」と思い込んでいたり、ほんとうはひとりで過ごすのが好きなのに、アウトドアが好きな友人からの誘いが日々多いことから「出かけるのが好き」「にぎやかな場所が向いている」とあえて思うようにしている場合もある。今、自分がどんな環境に身を置いているかによって、「自分を自分たらしめているもの」を見極める難易度が異なってくる。

では、自分を極めるためにはどうしたらいいのか。それは、自分が少しでも違和感を抱いたら、ひとつひとつきちんと距離を取っていくことだと思う。「合ってる」もの、自分の身体にぴったりとフィットするものを見つけることのほうが、時間がかかる。それに比べれば、「なんか気持ち悪いな」「これは自分にはしっくりこない」と「合っていない」ものを見つけるのはそこまで難しくない。服を試着してみて、似合っているかどうかわからないことがあっても、似合わないのがわからないことはないのと同じだ。歳を重ねるごとに考え方が変化し、自分自身が変わることによって、以前は合っていると感じていた仕事に違和感を覚えることだって、きっとあるだろう。それは自然なことだし、誰かが悪いわけではない。

仕事を辞めるのに、社会に向けて正当な理由はなくていい。なんとなく合わないから、という理由でも、それで自分が自分を極めることになるのなら、立派な退職理由だ。わたしもこの先、自分がなんの仕事をしているのか想像がつかない。ライターと作家の仕事を続けているかもしれないし、全然違う仕事をしているかもしれない。どんな仕事に就くかよりも、自分がみじめにならないこと、自分自身を極められることを選ぶのが、なによりも大切なのではないかと思う。

夢って、なんだろう

「フリーランスの生活と占い」で、占い師のOさんに「三十一歳に夢が叶う」と言われた、と書いた。占ってもらったときは、二十九歳だった。その後、フリーランスになり、文章の仕事だけで生計を立てていけるようになったけれど、夢だったかというと、そうではない。自主制作でエッセイ集を作ったのは三十歳を迎える頃で、これも「念願の！」というよりは、割となりゆきのような感覚で作ったものだった。「夢が叶う」ということは、わたしに夢があるということである。いったい、なんだろう。

過去の自分が、目の前を通過する。コンゴの支援を続けたくてもお金がなく、自分の生活もままならなかった二十代。検察官になりたかった十代後半。夢なんてなく、なにもかも諦めていた、十代前半。あの頃は、子どもでいることにも、大人になることにも絶望していた。家庭環境が複雑だったり、持病で希望の運動部に入れなかったり、「自分に選択肢がない状況」にいることを、受け入れられず、ただただつらかった。

　ある日の放課後、教室から下駄箱まで向かう途中で、ぴたりと足が止まる。オレンジ色の西日に包まれた図書室が、目に映る。教室にも家にも居場所がないと感じていたのに、その場所は入る前からほっとするような静けさと穏やかさを湛えていた。小説の本が並ぶ棚でぱらぱらと本をめくっていると、司書の先生がこちらの存在に気づく。あまり本を読んだことがないと伝えると、いくつかの本を薦めてくれた。実家にあった海外文学の本を読んでみたことはあったが、登場人物の名前がいつまで経っても覚えられず、物語に没入できたことがない。その日、司書の先生が薦めてくれたのは、最近の日本の作家の小説だった。家に帰ると借りてきた二冊の本をその日中に読み終え、また次の日の放課後も図書室へ立ち寄った。

　運動部で活躍していて、勉強の成績も良くて、家族の仲がよさそうな幼馴染みのFちゃんが、羨ましくてたまらない。家にいるのが苦しい。昨日まで一緒にいた友だちに嫌われ、教室に居場所がない。誰かといることがつらい時期、本だけは唯一、わたしのことをひとりにさせてくれた。本の中に夢中になればなるほど、物語の中の世界と現実の世界の境界がやわらいでいく。本を読んでいる間だけは、生きることがそんなに悪くないように思えた。

＊

自主制作エッセイ集の『おいしいが聞こえる』を扱ってくださっている本屋さんから、追加の注文のメールが届く。文中には、「買ってくれた中学生の女の子は『朝の読書の時間に読みます』と言っていました」という一言が添えられている。

夢にも思わなかった。自分は本を作る側にはなれない。ずっとそう思ってきた。個人でエッセイ集を作ってからも、まだどこか、あのとき自分が助けられた、夢中で覗いていた世界とは違うもののような気がしていた。それでも、あの頃の自分と同じくらいの年齢の子が、わたしの書いた本を、朝の読書の時間に開いている。その光景を想像すると、胸の奥がじんと熱くなった。そのあと作った『踊るように寝て、眠るように食べる』も、保護者の方から小学生の女の子が朝の時間に音読していると聞いて、なんだか夢みたいだ、と思う。

そうだ、ずっと夢みたいだった。

書くのはたのしいけど、得意じゃない。だから、最初から文章にかかわることを仕事にはしないと決めていた。夢見る資格なんて、自分にはないのだと。だけどもし、もっとたくさんの人が自分の本を手に取ってくれたら。かつての十代のわたしのような子たちが、自分の言葉を必要としてくれたら。個人で本を作るのではなく、商業で出版することができたら、もっともっと多くの人に本が届くかもしれない。

＊

月末はいつも、締切に追われていてめまぐるしい。今月は残り四日だというのに、月内に出さなきゃいけない原稿があと二本ある。仕事があるのはありがたくうれしい。でもつらい。もはや、才能があるかないかなんてこと、考える余裕もない。

明日の取材に備え、いつもより早めに帰路につく。今年の夏は連続真夏日を更新し続けており、十八時を過ぎても暑さが和らぐ気配がない。夕暮れの中、住宅ばかりが並ぶ道を歩いていると、あちこちから蝉の鳴く声が聞こえる。いくつもの蝉の声が重なり響き、巨大なスピーカーから出てくるような厚みのある音が街を覆う。いつもの夏。仕事がどれだけ変わっても、夏はいつも夏だな、と思う。

時間をたしかめるためにスマホの画面をタップすると、メールの受信通知のバナーが表示されていた。件名は「感想メール『踊るように寝て、眠るように食べる』」。メールのアプリを立ち上げ、読み進める。オンラインストアで購入した方が、本の感想を送ってくださったようだ。スクロールし、最後の言葉を読み、息を呑む。そしてもう一度、ゆっくりと文字を追う。

「来年から社会人デビューし、出版社で編集をするので、いつかひらいさんとお仕事できたらいいなと、ひっそり夢のひとつに思っております」

道端で立ち止まったまま、何度も何度も読み返す。
わたしの夢は、いつのまにか、自分だけの夢ではなくなっていた。

あとがき

　第一稿を書き進めていた頃、二社目の一次面接をしてくれたHさんから、誕生日を祝うメッセージとともに、「よかったらランチに行きましょう」とご連絡いただき、数年ぶりにお会いしました。Hさんとは部署は同じだったものの、なにせ一部署に二百人ぐらいいたため、在籍期間にご挨拶できたのは一、二度だったと記憶しています。そんなほぼ面接しただけの新入社員のことを、Hさんは退職後も気にかけてくれていました。Hさんもわたしの数か月後に会社を辞められていたそうで、今はご自身で会社を経営されています。

　人材業界に長く勤めていたHさんに、「この先活躍する人かどうか、面接でわかるものなのですか?」と尋ねました。というのも、Hさんと同じように一次面接の面接官をしたことがあるわたしの元上司が「十五分も話してれば、だいたいわかる」と言ったことが、ずっと気になっていたからです。わたしから元上司の話を聞いたHさんは首を横に振り「面接だけではその人が活躍するかもわからないし、実際に採用されて、その会社で働いたとしても、その人がいつ活躍するかはわからないんですよ」と、穏やかな口調できっぱりと答えました。「芽を出すのが一年後かもしれないし、三年後かもしれない。別の会社に行ったり、環境を変えたりすることで、初めて活躍することもあります」。

Hさんが会社にいた頃、「売れない営業」と呼ばれていた女性がいたそうです。社内では、なかなか営業成績を上げることができない人のことをよく「売れない」「売れていない」と表現していました。ところが、会社を辞め、独立してから自分のやりたいことを極めた彼女はどんどん活躍の幅を広げ、今では誰でも知っている著名人になったそうです。最後に名前を聞いて、鳥肌が立ちました。テレビが家にないわたしでも、よく知っている人でした。

人材業界のプロですら、人の可能性を決めつけることはできない。その事実は、もっと知られるべきだと思います。自分の可能性を否定されるような言葉を投げつけられたこともあったけれど、わたしが〝ただわたしであること〟を肯定してくれた上司や友人、家族がいてくれたおかげで、今こうして文章を書く仕事ができています。
「一身上の都合につき」の一言で片づくことを、こんなにあっけらかんと書いてしまっては、また会社に転職するなんて難しいだろうなあ、なんてのんきに「また転職するかもしれない未来」のことを心配する気持ちもなくはないのですが、できればこれからも、文章を通じてたくさんの方と出会いたい、今はそう思っています。

今住んでいる家の周りには、視界を遮るものがほとんどなく、窓からは大きな空と街並みが望めます。家で仕事をしていると、ときどき、煙草を吸いにベランダへ出たのぞむくんが、がらっと窓を開けて部屋に戻り「めぐちゃん、空がすごいよ!」と外へ連れ出してくれます。そうやってのぞむくんと一緒に夕焼けの空を眺めているとき、わたしは昔の自分を思い出して、少し泣きそうになります。

二〇二三年十月　見晴らしの良い自宅にて　　ひらいめぐみ

ひらいめぐみ

1992年生まれ。茨城県出身。7歳からたまごシールを集めている。2022年に私家版『おいしいが聞こえる』、2023年に『踊るように寝て、眠るように食べる』を刊行。好きな食べものはおでんとかんぴょう巻き。

転職ばっかりうまくなる

２０２３年12月24日　初版発行
２０２４年７月30日　３刷発行

著者　ひらいめぐみ
イラストレーション　一乗ひかる
ブックデザイン　鈴木成一デザイン室

発行者　北尾修一
発行所　株式会社百万年書房
〒１５０－０００２ 東京都渋谷区渋谷３－26－17－３０１
tel ０８０－３５７８－３５０２
http://www.millionyearsbookstore.com
印刷・製本　中央精版印刷株式会社
定価はカバーに表示してあります。

ISBN978-4-910053-44-8

なるべく
働きたくない人の
ためのお金の話

大原扁理＝著

無理は良くない。弱い私たちの、生存戦略。
お金と人生について、ゼロから考えた記録。
将来に不安や心配を感じる人へ向けた、
もっと楽に生きるための考え方がこの１冊に詰まっています。
巻末対談：鶴見済×大原扁理「豊かさって何だろう？」

本体1,400円＋税　1c192p／四六判・並製　ISBN978-4-9910221-2-8 C0095

フツーに方丈記

大原扁理＝著

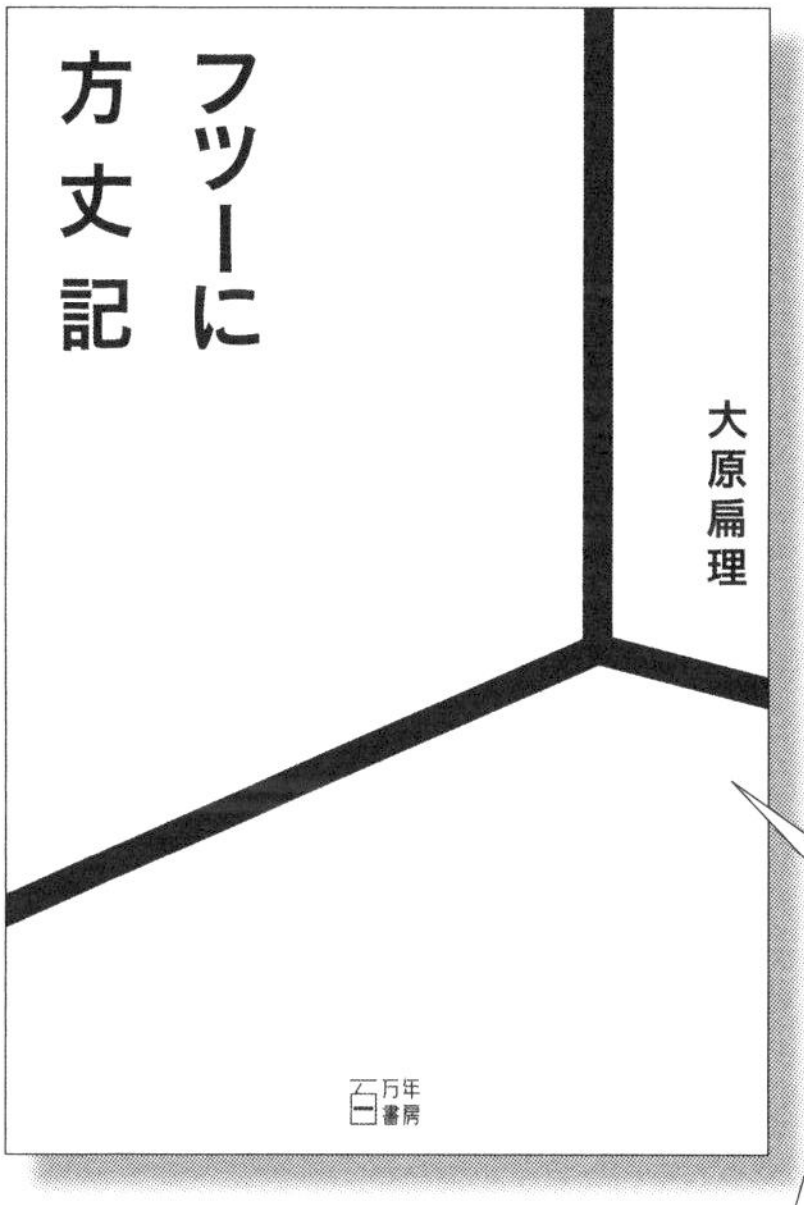

「いいじゃないですか、
大したことない
人生だって」

人生詰んだ!? そんな時、方丈記は役に立つ。
震災、疫病、戦、飢饉——現代と同じように、
様々な災厄に見舞われた平安・鎌倉時代の人々。
そんな時代に書かれた方丈記を読み込み、現代語に訳しつつ、
「コロナ以降の幸せとは何か?」「私たちはどう生き、
どう死んでいくべきか?」を大原扁理が問い直す。

本体1,600円＋税　1c248p／四六判・並製　ISBN978-4-910053-26-4 C0095